Marketing-Management

Die Grundlagen des Marketing einfach erklärt.

Max Mittelstaedt

ISBN: 9781713099901
Independently published

Max Mittelstaedt
Friedrichstraße 112b
38855 Wernigerode
www.scientific-economics.com
info@scientific-economics.com

Alle im Buch befindlichen Namen oder Positionen sind selbstverständlich auf alle Geschlechter bezogen.

Widmung

Ich bedanke mich bei allen Menschen, die mich bis jetzt unterstützt und an mich geglaubt haben. Ohne die Professoren und Wissenschaftler der Marketingtheorie gebe es dieses Buch nicht. Ein großes Dankeschön geht an Johanna fürs fleißige korrigieren. Diana danke, dass du so geduldig mit mir bist und mir die Zeit gibst Bücher zu schreiben. Vielen Dank auch an den Unternehmerstammtisch der HS-Harz.

Abbildungsverzeichnis

Videoverzeichnis

Inhaltsverzeichnis

Vorwort des Autors

Viele Menschen verbinden mit Marketing normalerweise Werbung. Doch Marketing beinhaltet viel mehr als nur Werbung zu machen. Ist das Marketing einmal richtig im Unternehmen implementiert, dient es ihm als Leitbild. Der Marketingplan umfasst dabei alle relevanten Marketingthemen: Die Analyse-, Planungs-, Durchführungs- und Kontrollphase. Alle Phasen im Marketing werden ausführlich behandelt, sodass Sie problemlos in die Grundlagen des Marketings einsteigen können. Wird Marketing richtig umgesetzt, ist es mehr als ein Kostenfaktor für das Unternehmen. Es kann, u.a. über Skaleneffekte, Weiterempfehlungen, positive Produktbewertungen, u.v.m., zu einem positiven Return on Investment führen. Das Marketing kann somit die langfristige Rendite des Unternehmens steigern.

Was ist das Ziel von Marketing? Welche Themen beinhaltet der Marketingplan und wie kann man den Marketingmix umsetzen?

Die Markenführung ist dabei ein eigenständiges Thema mit großem Einfluss auf den Erfolg eines Unternehmens. In der Markenpolitik gibt es einen gesamten Markenprozess, der sich am Marketingplan orientiert. Der Markenprozess besteht aus der Markenidentität, der Umsetzungsphase und dem Markenimage. Wird der Prozess erfolgreich umgesetzt, entstehen starke Marken. Starke Marken sind eine Win-Win-Situation für die Kunden und das Unternehmen, da jeder Kunde mit starken Marken positive Assoziationen und Vorstellungsbilder verbindet.

Dieses Netzwerk aus positiven Eigenschaften, die der Kunde mit einer Marke verbindet, führt schlussendlich zur Bindung an ein Unternehmen und dessen Produkten.

Wie baut man ein positives Markenimage beim Kunden auf? Wie kann man die Markenstrategien erfolgreich umsetzen? Wie entsteht eine solche Kundenbindung überhaupt? Was sind wichtige Grundbegriffe in der Markentheorie? Was ist die Markenidentität?

Das Buch beinhaltet außerdem multimediale Inhalte: Zu jedem Kapitel gibt es mehrere Videos auf YouTube, die über einen QR-Code abspielbar sind. Die Videos sind Erklärvideos und wurden von mir erstellt. Es bleibt also Ihnen überlassen, wie Sie sich die wichtigsten Marketingtheorien anschauen.

Viel Spaß beim Lesen des Buchs und viel Erfolg bei der Umsetzung!

M. Mittelstaedt

Wernigerode, 14.11.2019

Das Ziel von Marketing

Wenn man Leute fragt, was sie mit Marketing verbinden, kommt meist die klassische Werbung als Antwort, im schlimmsten Fall wird Marketing sogar mit Werbung gleichgesetzt. Marketing umfasst aber viel mehr als nur Werbung. Der Bereich der Werbung ist nur ein Bruchteil und gehört zum Marketingmix: Dieser ist, einfach ausgedrückt, das Handwerkszeug jedes Marketeters, auf das im Verlauf des Buches noch eingegangen wird. Viele Kunden sehen das Endergebnis von Marketing im Alltag: Die Fernsehwerbung, die Bannerwerbung oder das Social Media Marketing. Dahinter steht ein langer Prozess, bei dem sich die operative Taktik an der langfristigen Strategie orientiert, der Markt vorher analysiert wird und die Marketingmaßnahmen kontrolliert werden.

Es gibt eine grundlegende Aufgabe von Marketing, die im Buch immer wieder auftauchen wird: Es geht um die Schaffung von Nutzen und Verringerung von Schmerz. Diese Aufgabe ist bei der Kundenorientierung von großer Bedeutung und somit von der Marketingorientierung abhängig.

$$Wert = \frac{\Uparrow Nutzen}{Schmerzen \Downarrow}$$

Abbildung 1: Das Marketingziel, eigene Darstellung

Die Fragestellung, die damit zusammenhängt, lautet: Wann kauft ein Mensch ein Produkt?
Er kauft, wenn der Nutzen des Produkts oder der Dienstleistung den Schmerzen, welchen er empfindet, weil er für das Produkt bezahlen muss, übersteigt. (Kotler, Armstrong, Saunders, & Wong, 2007)

Wenn der Kunde denkt, dass das Produkt mehr als der Preis, den er bezahlen muss, wert ist, wird er den Kauf tätigen. Das Ziel von Marketing ist es, in diese Wertformel einzugreifen, indem Marketing den Wert für den Kunden erhöht.

Beispiel: Das Beispiel spielt in der Wüste. Jemand ist tagelang im heißen Sand unterwegs und sein Trinkwasser geht zur Neige. Der Wert von einer kleinen Menge Wasser steigt für Ihn enorm an. Obwohl sein Trinkwasser hier in Deutschland gerade einmal einige Cent wert wäre, ist es für ihn in dieser Situation unschätzbar wertvoll. Das liegt daran, dass in Deutschland der Trinkwasserbedarf jederzeit gesättigt werden kann, während es in der Wüste keine einfache Möglichkeit gibt an Nachschub zu kommen.

Schlussfolgern lässt sich also, dass der Wert eines Produkts von vielen Variablen, z.B. der Dringlichkeit des Bedürfnisses, abhängt und sich kaum ein objektiver Wert festlegen lässt. Die Kunst für den Marketer ist es nun, den subjektiven Wert seines Produkts zu steigern.

Der Nutzen kann unter anderem durch die Produkt- und Kommunikationspolitik erhöht werden und der Schmerz u.a. durch die Distributions- oder Preispolitik verringert werden. Im optimalen Fall sieht der Kunde ein Produkt, welches er unbedingt haben möchte (Produkt- und Kommunikationspolitik) zu einem fairen Preis (Preispolitik) und er kann das Produkt einfach und schnell bezahlen und bekommen (Distributionspolitik).

Zusammenfassung: Zusammenfassend lässt sich sagen, dass das Ziel von Marketing darin besteht, den Wert des Produktes oder der Dienstleistung zu maximieren, indem das Marketing den empfundenen Nutzen beim Kunden erhöht und den Schmerz verringert. Viele Prozesse und Themen zielen immer wieder darauf ab, den Wert der Transaktion für den Kunden zu steigern.

Der Marketingmix: Eine Einführung

Die Übersicht, die in keinem Lehrbuch zum Marketing fehlt, ist die Übersicht der 4 P´s. (McCarthy, 1960) Die 4 P´s beschreiben den Marketingmix und sind die Maßnahmen, die helfen in die beschriebene Wertformel einzugreifen. Im Englischen besteht der Marketingmix aus: Product, Price, Promotion und Placement. Das deutsche Äquivalent enthält die: Produktpolitik, Preispolitik, Kommunikationspolitik und Distributionspolitik. Diese Begriffe helfen Ihnen grob zu verstehen, was operativ im Marketing geschieht. Hilfreich ist es, wenn man diese Substantive in konkrete Aktivitäten umwandelt:
Man erschafft, tauscht, kommuniziert und liefert mithilfe des Marketings. Marketing ist etwas sehr Praktisches, das man zwingend in die Realität umsetzen muss, um erfolgreich zu sein. Die Marketingaktivität ist der Schlüssel zum Erfolg.

In Kombination mit den 4 C´s des Marketings (Shimizu, 1989) ergibt sich schon eine sehr gute Übersicht über diese Marketingaktivitäten: Consumer Needs (Kundenbedürfnisse), Cost (Kosten), Communication (Kommunikation) und Convenience (Bequemlichkeit).

Price & Cost	Product & Customer Needs
Place & Convenience	Promotion & Communication

Abbildung 2: Der Marketingmix / Die Marketingmaßnahmen, eigene Darstellung

Tipp: Indem man den Preis eines Produktes verringert, kann man direkt in die Wertformel eingreifen und den Schmerz verringern. Der Preis des Produkts lässt sich beispielsweise durch Kosteneinsparungen verringern.

Man kann den Preis auch durch die Preispsychologie subjektiv attraktiver erscheinen lassen. Wenn man die Kundenbedürfnisse kennt, kann man das Angebot optimal auf die Kunden zuschneiden und somit den Nutzen erhöhen.

Amazon liefert seine Produkte innerhalb weniger Tage. Deutsche Supermärkte gibt es in jedem Wohnviertel. Es ist somit sehr einfach für den Kunden ein Produkt zu konsumieren: Er muss wenig Zeit und Mühe aufwenden, um an das Produkt zu gelangen. Der Schmerz wird verringert. Über Social-Media-Kanäle ist man unbegrenzt erreichbar. Im Internet kann man überall Werbung abspielen und Dienstleistungen bewerben. Stimmt die Kommunikation mit den Kunden, wird der Kundennutzen erhöht.

Die Marketingorientierungen

Wenn man versucht, alle Marketingaktivitäten unter einem Dach zu vereinen, kann man schnell in Schwierigkeiten geraten. Manche Maßnahmen stehen auch in direkter Konkurrenz miteinander, z.B. schnelle Lieferung & Kosteneinsparungen. Für solche Fälle gibt es die Marketingorientierungen. (Kotler & et al., 2007) Ein Unternehmen legt fest, worauf es sich fokussieren möchte und stellt dadurch bestimme Marketingaktivitäten in den Vordergrund.

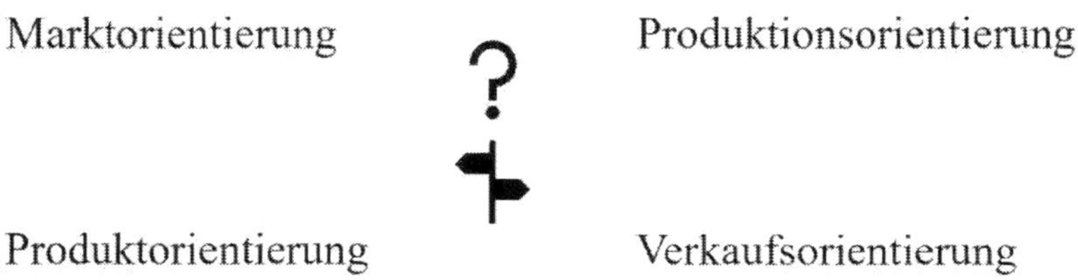

Abbildung 3: Die Marketingorientierungen/ -ausrichtungen, eigene Darstellung

Die Marketingorientierungen werden im Folgenden nur kurz umrissen, da diese recht selbsterklärend sind: (Scharf, Schubert, & Hehn, 2012)

- Marktorientierung: Aktuelle und weit verbreitete Orientierung, bei der der Kunde im Mittelpunkt steht. Seine Bedürfnisse haben Vorrang und es wird versucht, auf diese umfassend einzugehen.
- Produktionsorientierung: Durch verbesserte Lagerhaltung und Logistik soll der Kunde seine Produkte schnell und kostengünstig bekommen. Das Ziel besteht darin, dass der Konsum der Produkte für den Kunden möglichst stark vereinfacht wird. Durch hohe Produktion (Skaleneffekte) sollen Kosten eingespart werden.

- Produktorientierung: Es wird versucht das beste Produkt mit der höchsten Qualität anzubieten. Des Weiteren wird über die Produktinnovation versucht auch neue Produkte auf den Markt zu bringen.
- Verkaufsorientierung: Der Vertrieb wird unterstützt, Kundenakquise rückt in den Vordergrund. Die Produkte werden aggressiv beworben.

Es gibt noch zahlreiche weitere Marketingorientierungen. Unabhängig von der gewählten Orientierung ist es wichtig, dass man sich auf bestimme Ziele verständigt und sich zu fokussieren versucht. Geht man kundenorientiert vor, könnte man noch verschiedene Kundengruppen bilden, anhand derer man die Marketingaktivitäten ausrichtet.

So kann man: Neue Kunden gewinnen, bestehende Kunden binden oder verlorene Kunden zurückgewinnen. (Grunwald & Schwill, 2019) Jede dieser Kundengruppen benötigt andere Marketingaktivitäten. Die Marketingmaßnahmen werden demnach an die Marketingorientierung angepasst.

Zusammenfassung: Die Marketingorientierung bietet die Möglichkeit, die grundlegenden Marketingentscheidungen an verschiedenen Einflussfaktoren und Aktivitäten auszurichten. Steht für das Unternehmen der Kunde, das Produkt oder eine andere Ausrichtung im Vordergrund? Sind jetzt weitere Unterteilungen möglich (z.B. in den Kundengruppen)?

Video 1: Was ist Marketing?

Das Marketing im Unternehmen

Wo befindet sich das Marketing überhaupt im Unternehmen und welche Stellung nimmt es ein?

Da das Marketing nicht nur für die konkreten Maßnahmen, sondern auch für die Unternehmensstrategie zuständig ist, beeinflussen die Marketingentscheidungen das gesamte Unternehmen. Allein die Marketingorientierungen zeigen, dass das Marketing eine gesamtheitliche Sichtweise auf das Unternehmen ist: (Scharf, Schubert, & Hehn, 2012)

Eine Verkaufsorientierung funktioniert nur im Zusammenspiel mit dem Vertrieb. Eine Preisorientierung funktioniert nur in Kooperation mit der Finanzabteilung. Für die Kundenorientierung sind alle Abteilungen entscheidend, die Kontakt mit Kunden des Unternehmens haben. Viele Mitarbeiter tragen die Unternehmenswerte nach außen und sind vielleicht der erste Eindruck für die Kunden. Hierbei würden die Personalabteilung und das interne Marketing eine wichtige Rolle einnehmen.

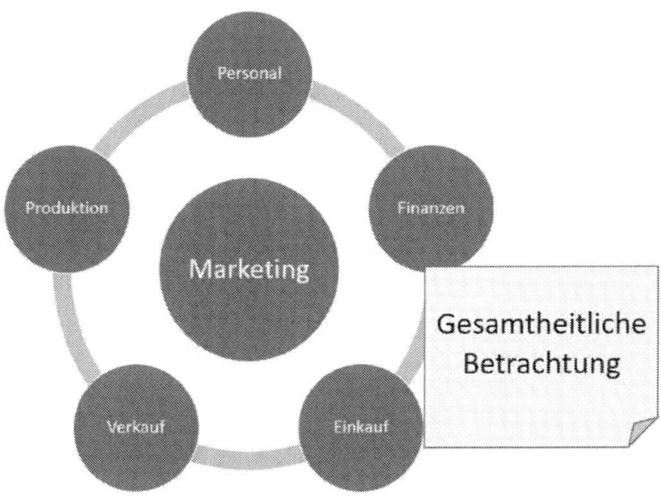

Abbildung 4: Die Marketingposition im Unternehmen, eigene Darstellung

Die Marketingorganisation

Die Marketingorganisation baut auf der gesamtheitlichen Betrachtung auf. Die Marketingorganisation behandelt die Frage:
Welche struktur- und prozessorientierten Entscheidungen kann man treffen, um das Marketing als Abteilung im Unternehmen zu implementieren?

Es gibt zwei Organisations- und Prozessarten: (Scharf & et al., 2012)

1.) Die Aufbauorganisation: Diese beschäftigt sich mit der Implementierung der Marketingaufgaben im Unternehmen. Dafür braucht es klare Anweisungen: Welche Stelle soll welche bestimmten Aufgaben übernehmen (Aufgabenverteilung)? Wer trägt die Verantwortung für welche Marketingziele und -tätigkeiten?

Unterteilt wird die Aufbauorganisation in eine funktionsorientierte oder objektorientierte Organisation:

<u>Funktionsorientierung</u>: Hier findet eine Spezialisierung in den Teilbereichen statt. Es gibt eine eigene Verkaufsabteilung, Marketingabteilung, Controlling-abteilung, Marktforschungsabteilung, etc. . Diese Abteilungen sind für alle Produkte und Marken zuständig (Scharf & et al., 2012).

Die Funktionsorientierung ist in den Abteilungen besser spezialisiert. Es können positive Synergieeffekte dadurch entstehen, dass sich die Abteilungen mit allen Produkten, Marken, etc. beschäftigen. Jede Abteilung ist auf eine Aufgabe spezialisiert und beschäftigt sich dennoch mit dem gesamten Angebot. Es gibt somit klare Zuständigkeitsbereiche.

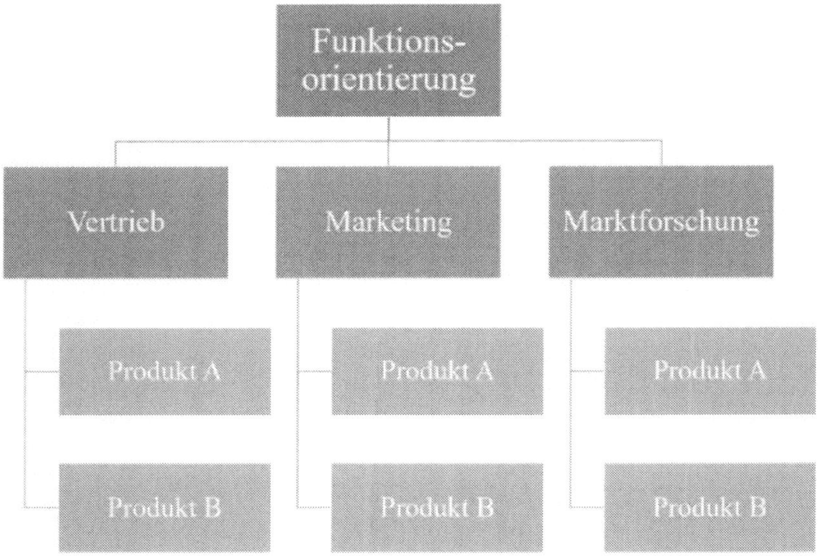

Abbildung 5: Die Funktionsorientierung, eigene Darstellung

Objektorientierung: Die Abteilungen bleiben wie bei der Funktionsorientierung bestehen. Diesmal gibt es aber für jedes Objekt, z.B. ein Produkt oder eine Kundengruppe, eine eigene Abteilung. Diese Aufteilung nach Objekten kann auch nach Segmenten, Sortimenten, Kundengruppen, etc. erfolgen. Die Aufteilung ist unter anderem von der gewählten Marketingorientierung abhängig.

Die Objektorientierung kann schneller und flexibler auf Marktveränderungen reagieren. Da die Abteilungen in den einzelnen Segmenten, Marken, Produkten, etc. spezialisiert sind, kennen die Abteilungen alle Besonderheiten der Objekte (Scharf & et al., 2012).

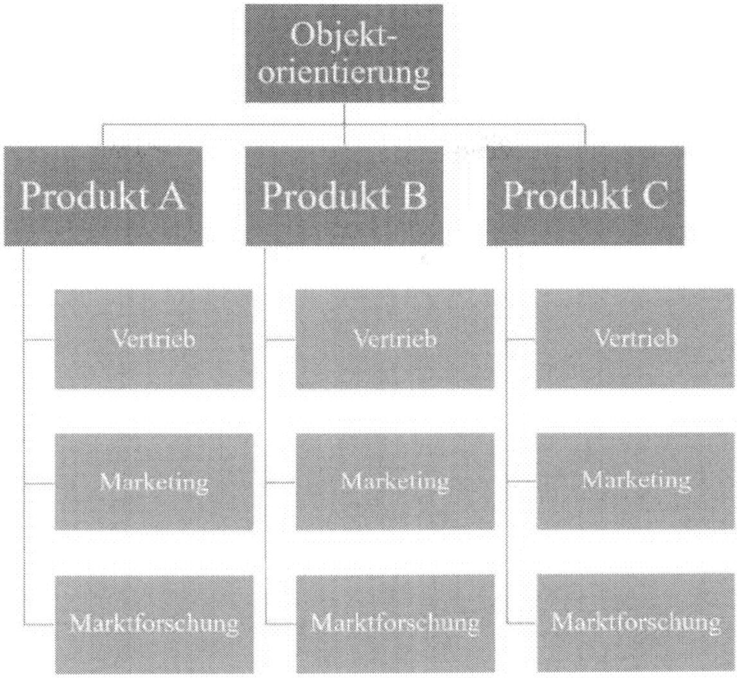

Abbildung 6: Die Objektorientierung, eigene Darstellung

2.) Die Ablauforganisation: Diese Organisation beschäftigt sich mit der Gestaltung des Marketings und allen damit verbunden Themen (= Arbeits- und Informationsprozesse) zwischen und innerhalb der Abteilungen sowie zu externen Bereichen, z.B. Kunden. Diese Abläufe können beispielsweise die Arbeitsinhalte, Arbeitszeit, der Arbeitsplan, etc. sein.

Wie der Name schon sagt, beschäftigt sich die Aufbauorganisation mit dem Aufbau einer Marketingabteilung und die Ablauforganisation mit den Abläufen.

Vom Bedürfnis zur Nachfrage

Um Marketing zu verstehen, muss man natürlich auch die wichtigsten Begriffe der Marktwirtschaft verstehen. Im Marketing wird versucht, die Bedürfnisse des Kunden zu befriedigen, doch was ist ein Bedürfnis überhaupt? Gerade in der Marktorientierung spielen die Kundenwünsche eine wichtige Rolle: (Scharf & et al., 2012)

- Ein Bedürfnis ist eine Mangelempfindung und der Wunsch diese zu beseitigen, z.B. Hunger.
- Wenn man dann die Möglichkeit hat, dieses Bedürfnis mit Geld zu bezahlen, entsteht ein Bedarf. Er ist die Kombination aus Bedürfnis und Kaufkraft, z.B. Bargeld und Hunger. Abseits der Kaufkraft muss man natürlich auch die Zeit und die Möglichkeit haben die Mangelempfindung zu beseitigen.
- Der Kauf des Produktes (aktive Handlung) zur Bedürfnisbefriedigung ist schlussendlich die Nachfrage.

Abbildung 7: Wie entsteht die Nachfrage? , eigene Darstellung

Mit diesem Wissen kann man bei der Entstehung einer Nachfrage ansetzen und versuchen, bestimmte Mangelempfindungen zu finden und diese zu bedienen. Bei der Kundenorientierung geht es darum solche Bedürfnisse rechtzeitig zu finden.

Den Markt richtig abgrenzen

Die Kundennachfrage wird am Markt wirksam, deswegen ist es wichtig zu verstehen, auf welchem Markt man sich befindet. Die Abgrenzung hilft, die Konkurrenz und Zielgruppe genauer zu definieren. Den Markt kann man zeitlich, räumlich und sachlich abgrenzen (Scharf & et al., 2012). Die räumliche und zeitliche Abgrenzung erklärt sich recht intuitiv: Es gibt regionale, nationale und internationale Märkte sowie solche, die an bestimmte Zeiten, z.B. Jahreszeiten, gebunden sind.

Die dritte Einteilung ist dabei sehr spannend und wichtig zu betrachten:

Bei der sachlichen Einteilung ist es möglich, den Markt danach abzugrenzen, was der Grundnutzen des Angebots ist (=Produktmarktkonzept). Diese Grundfunktion ist eine Art „Eintrittskarte", um überhaupt in der Wirtschaft aktiv zu werden. Des Weiteren kann man aber auch eine etwas weitere Betrachtung vornehmen: Wenn man, abseits der Grundfunktion, auch weitere zusätzliche Nutzen des Produktes betrachtet, ergibt sich das Bedarfsmarktkonzept. (Scharf & et al., 2012)

Beispiel: Ein Auto bringt den Fahrer bekanntlich von A nach B. Es wird als Transportmittel benutzt, das man selbst steuern kann. Diese alleinige Betrachtung der Grundfunktion wäre das Produktmarktkonzept. Diese Sichtweise kann aber zu einigen Fehlentscheidungen bei der Suche nach der Zielgruppe und Konkurrenz führen: Eine Transportfunktion kann auf verschiedene Art und Weise durchgeführt werden. Beim Produktmarktkonzept besteht der Wettbewerb nur aus anderen Autoherstellern und die Zielgruppe aus allen Autofahrern.

Bei dem Bedarfskonzept geht die Betrachtung nun etwas weiter. Sie schaut auf alle Nutzenfunktionen und Bedürfnisse, die bedient werden. Es geht hierbei, etwas allgemeiner, um einen bequemen und schnellen Transport. Plötzlich sind nicht mehr nur andere Autohersteller eine Konkurrenz, sondern auch andere Transportdienstleister, wie z.B. die öffentlichen Verkehrsmittel oder Flugzeuge. Je nachdem, wie man den Markt sachlich abgrenzt, hat man einen ganz anderen Blick auf mögliche Chancen oder Risiken. Die Konkurrenz und Zielgruppe kann sich in Abhängigkeit von der Markteinteilung stark ändern.

Wie kann man Produkte unterscheiden?

Auch bei der Einteilung von Gütern ist es wichtig zu wissen, in welchem Produktbereich man sich befindet, damit man später die Marketingstrategie und -taktik an diesen Grundlagen ausrichten kann. Produkte kann man in Beschaffungsaufwand, Verwendungszweck und Verwendungsreife aufteilen (Scharf & et al., 2012).

Die Aufteilung nach Beschaffungsaufwand (Copeland, 1923) erfolgt in:

- Bequemlichkeitsgüter: Werden vom Kunden regelmäßig gekauft. Es gibt eine gute Produktkenntnis des Käufers. Die Güter sind einfach und kostengünstig zu besorgen, z.B. Nahrungsmittel.
- Shoppinggüter: Sind für den Kunden aufwendiger in der Beschaffung. Der Kunde vergleicht Preise und beschafft sich vor dem Kauf Produktinformationen, z.B. bei Kleidung.
- Spezialgüter: Werden sehr selten gekauft. Diese Güter dienen der Traumerfüllung. Das Preis- & Leistungsverhältnis ist wichtig (Preisvergleiche werden vorgenommen). Die Spezialgüter sind sehr teuer und mit einem großem Beschaffungsaufwand verbunden, z.B. bei einer Weltreise oder einem Autokauf.

Die nächste Aufteilungsmöglichkeit richtet sich nach dem Verwendungszweck. Wirtschaftsgüter können in materielle (Produkte) oder immaterielle Güter (Dienstleistungen) aufgeteilt werden. Freie Güter bezeichnen Güter ohne Preise und mit freier Verfügbarkeit. Diese Einteilungen sind unter anderem für die verschiedenen Marketingbereiche wichtig (diese werden später noch behandelt).

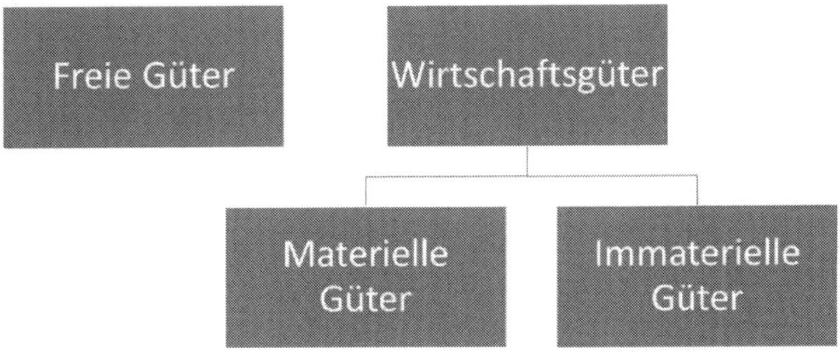

Abbildung 8: Die Einteilung von Gütern nach ihrem Verwendungszweck, eigene Darstellung

Als dritte Möglichkeit zur Einteilung von Gütern gibt es die Verwendungsreife. Je nach Produktionsprozess und Position in der Wertschöpfungskette besitzt das Produkt unterschiedliche Verwendungsreifen, die bei Rohstoffen anfangen und bis zu fertig verarbeiteten Lebensmitteln reichen.

Tipp: Für das weitere Vorgehen ist es elementar zu wissen auf welchem Markt man sich befindet und welche Produktkategorie man anbietet. Nur so kann man seine Zielgruppe definieren und mehr über die Bedürfnisse der Kunden herausfinden. Auch die Wettbewerbssituation kann von der betrachteten Einteilung der Produkte und Märkte abhängen.

Video 2: Grundlagen Marketing

Besonderheiten der Marketingbereiche

Nachdem man den Markt und das Produkt abgegrenzt hat und ganz genau weiß, in welcher Branche man agiert, was die Zielgruppe ist und mit welcher Wettbewerbssituation man es zu tun hat, ist es nun Zeit, sich die einzelnen Marketingbereiche anzuschauen.

Es gibt fünf Marketingbereiche: (Kotler & et al., 2007)

- Konsumgütermarketing
- Investitionsgütermarketing
- Handelsmarketing
- Dienstleistungsmarketing
- Non-Profit-Marketing

1. Das Konsumgütermarketing

Im Konsumgütermarketing richten sich Unternehmen meistens an den Endverbraucher. Es werden alltägliche Produkte vertrieben.

Einige Merkmale im Konsumgütermarketing sind: (Scharf & et al., 2012)

1. Der Wettbewerb, die Substitute (austauschbare Produkte) und die Zielgruppen sind sehr groß. Preiskämpfe sind zu erwarten.
2. Durch die Vielzahl an Angeboten kann es dazu kommen, dass viele Marken unbekannt sind und sich die Produkte wenig unterscheiden.

3. Die Dauer, mit der ein Produkt auf den Markt bleibt, sinkt. Produkte müssen immer wieder verändert oder neu entwickelt werden.
4. Auf dem Konsumgütermarkt ist der Endverbraucher aktiv: Es werden eventuell weniger Preise verglichen und irrationale Entscheidungen getroffen. Die Wirtschaftspsychologie spielt deswegen eine große Rolle.
5. Durch den Massenmarkt (hohes Angebot und hohe Nachfrage) ist der Einsatz aller Marketingaktivitäten wichtig. Es sollten konsequent Werbeaktivitäten und Marketingmaßnahmen betrieben werden, was mit erhöhten Kosten verbunden ist.

2. Das Investitionsgütermarketing

Im Investitionsgüter- bzw. Industriegütermarketing rücken nun die wirtschaftlichen Beziehungen in den Vordergrund: Hierbei stehen meistens die Unternehmen untereinander in Kontakt und es wird mit materiellen Gütern gehandelt.

Die Merkmale sind: (Scharf & et al., 2012)

1. Es ist ein hohes Maß an Interaktion und Kommunikation zwischen den Unternehmen erforderlich. Dafür entstehen eigene Abteilungen in den Unternehmen, die sich mit dieser Interaktion befassen: Die Einkaufs- und Verkaufsabteilung.
2. Die Produkte sind individuelle Systemlösungen, die spezielle Probleme des Unternehmens lösen. Das Angebot ist jetzt nicht mehr auf den Massenmarkt zugeschnitten, sondern muss individuell angepasst werden.

3. Es geht verstärkt um Vertrauen, Qualität und Service. Die Unternehmen sind in ständigen Austausch und es entstehen Geschäftsbeziehungen, wodurch der Preiskampf nicht so ausgeprägt ist.
4. Das Angebot mit all seinen Komponenten (Preis, Lieferzeit, Beratung, Schulung, etc.) ist entscheidend. Es gibt viele Möglichkeiten, sich von anderen Unternehmen abzugrenzen.
5. Die Unternehmen agieren zunehmend auf globalen Märkten.

3. Das Handelsmarketing

Handelsmarketing bezieht sich auf die Tätigkeit von Einzel- und Großhandelsunternehmen, z.B. Supermärkten. Die Merkmale sind: (Bruhn, 2012)

1. Die Sortimentsgestaltung, Verkaufsraumgestaltung und Standortwahl sind wichtig, um sich an die Kundenbedürfnisse anzupassen und sich von der Konkurrenz abzuheben.
2. Supermärkte entwickeln vermehrt eigene Handelsmarken.
3. Es gibt viele Preiskämpfe, die sich u.a. dadurch auszeichnen, dass die Werbung oftmals auf Preise und Rabatte ausgerichtet ist.
4. Durch die große Konkurrenz ist die Kundenbindung wichtig. Es wird versucht mit Kundenbindungsprogrammen, (z.B. Kundenkarten) Kunden langfristig zu halten.
5. Das Angebot sollte aus den Produkten und dem Service, z.B. einer Beratung vor Ort, bestehen.

4. Das Dienstleistungsmarketing

Wenn das Angebot nicht mehr aus materiellen Gütern besteht, befindet man sich im Dienstleistungsmarketing. Einige Merkmale dazu sind: (Scharf & et al., 2012)

1. Immaterielle Leistung kann an / durch Menschen oder an / durch Maschinen durchgeführt werden.
2. Da die immaterielle Leistung nicht vorher durch menschliche Sinne getestet werden kann, wird es schwer zu belegen, wie die Qualität der erbrachten Leistung sein wird. Testimonials und Kundenbewertungen schaffen es, Vertrauen bei neuen Kunden aufzubauen.
3. Es gibt keine Transport- und Lagerkosten, da es keine materiellen Produkte gibt, die gehandelt werden.
4. Es entsteht eine Zusammenarbeit zwischen Kunden und Mitarbeitern. Der Kunde bringt sich aktiv ein, sodass die Dienstleistung individuell angepasst werden kann.
5. Dadurch kann es eventuell zu schwankender Qualität kommen. Es ist wichtig die Mitarbeiter zu schulen, zu qualifizieren und weiterzubilden, um die Leistung unter den Mitarbeitern konstant zu halten und Vertrauen beim Kunden herzustellen.
6. Konsum und Produktion erfolgt gleichzeitig (uno-actu-Prinzip). Dieses Merkmal verliert in Anbetracht der Digitalisierung an Bedeutung, da der Konsum und die Produktion der Dienstleistung immer deutlicher auseinanderfallen. Bei Online-Coachings wird zuerst produziert und erst danach das Coaching vom Kunden in Anspruch genommen.

5. Das Non-Profit-Marketing

Non-Profit-Marketing ist nicht kommerzielles Marketing, das Politik, Organisationen und Vereine unterstützt. Hier gibt es ebenfalls einige Besonderheiten: (Bruhn, 2012)

1. Gemeinnützige Vereine/Organisationen besitzen meistens ein begrenztes Budget.
2. Es ist schwierig, den Markt und das Produkt abzugrenzen. Die Grundlage bilden Werte und Normen, die sich schlecht in die üblichen Produkt- & Marktbereiche einsortieren lassen.
3. Die Zielgruppe kann, je nach Zweck der Organisation, sehr groß sein. Geht es beispielsweise um globalen Umweltschutz, wird die Weltbevölkerung zur möglichen Zielgruppe.
4. Viele ehrenamtliche Mitarbeiter besitzen einen starken Bezug zum Thema. Die Mitglieder verkörpern die Werte und Normen der Organisation und helfen meist ehrenamtlich.
5. Der erwartete Gegenwert ist schwer zu bestimmen: Sollen mehr Teilnehmer in die Organisation kommen? Soll es mehr Spenden geben? Sollen mehr Projekte gefördert werden? Üblicherweise haben die „Kunden" keinen direkten spürbaren Nutzen von den Tätigkeiten der Organisation.
6. Der Einsatz von kommerziellem Marketing für nicht kommerzielle Unternehmen ist eventuell unerwünscht, obwohl es eigentlich hilfreich wäre, um die Ziele zu erreichen.

Über den Marketingbereichen steht noch die Unterteilung des Marketings in B2B und B2C-Marketing.

Damit ist nichts anderes gemeint als die Unterteilung des Marketings in eine Beziehung auf Business-to-Business oder Business-to-Customer. Beim B2B-Marketing stehen also zwei Unternehmen im Kontakt, beim B2C-Marketing stehen hingegen ein Unternehmen und ein Privatkunde in Kontakt. Alle der oben genannten Marketingbereiche sind sowohl für B2B als auch für B2C anwendbar. Ein privater Haushalt kann sowohl Konsumgüter (häufig) und Industriegüter (selten) von einem Unternehmen beziehen als auch Dienstleistungen in Anspruch nehmen.

Da das B2B-Marketing aufgrund der Unternehmensprozesse wesentlich komplexer ist, wird es nun ausführlich behandelt.

Video 3: Die Marketingbesonderheiten

Das B2B-Marketing

Business-to-Business-Marketing bezieht sich speziell auf Unternehmen, die in Austauschbeziehungen mit anderen Unternehmen stehen. Die Produkte werden also nicht an den Endverbraucher (Konsumenten) verkauft, sondern von anderen Unternehmen oder Organisationen bezogen. Investitionsgüter (häufig), Konsumgüter (selten) sowie Dienstleistungen (häufig) spielen beim B2B-Marketing eine Rolle.

Was sind die Charakteristiken des B2B-Marketings und was unterscheidet es somit vom B2C-Marketing (Kotler & et al., 2007)?

- Die Kunden von B2B-Unternehmen sind meistens nicht zahlreich, aber umfassen ein großes Absatzvolumen: Wenige Kunden sind für einen großen Umsatz verantwortlich.
- Der B2B-Markt ist gering von Preisveränderungen betroffen. Steigt der Preis, sinkt nicht sofort im gleichen Maße die Nachfrage (unelastische Nachfrage).
- Die B2B-Marktsituation hat auch einen Einfluss auf das B2C-Marketing: Die Warenkette vor dem Endkonsumenten ist eventuell sehr lang und beinhaltet mehrere B2B-Unternehmen.
- Mehrere Personen sind an komplexen, formalisierten und professionellen Kaufentscheidungsprozessen beteiligt. Der Vertrieb (Verkaufsseite) und der Einkauf (Einkaufsseite) arbeiten zusammen.
- Dadurch entsteht eine intensive und langfristige Kommunikation zwischen den Geschäftspartnern.
- Direktkäufe: Die Unternehmen kaufen in der Regel direkt beim Produzenten ein.

Einige Schlüsselmerkmale bedürfen einer weiteren Erklärung: Die Abteilungen, die Einflussfaktoren und der Kaufentscheidungsprozess.

Das Einkaufsgremium

(Buying Center)

Das Einkaufsgremium bezeichnet Organisationseinheit, die aus verschiedenen Personen besteht, von denen alle einen Einfluss auf den Kaufentscheidungsprozess haben. Damit ist nicht nur die Einkaufsabteilung gemeint, sondern auch eine Vielzahl anderer Stellen, die die Kaufentscheidung beeinflussen können: (Kotler & et al., 2007)

- Der Nutzer: Der Nutzer hat ein Bedürfnis, das er durch einen Kauf zu befriedigen versucht. Er erkennt ein Problem und versucht das passende Produkt oder die passende Dienstleistung für dessen Lösung zu finden.
- Der Beeinflusser: Er weiß gut über das Produkt Bescheid und was eine passende Lösung wäre. Er kann den Nutzer beraten und ihm mit seiner Erfahrung helfen.
- Der Einkäufer: Er besitzt verschiedene Funktionen und Aufgaben, auf die im nächsten Abschnitt konkreter eingegangen wird.
- Der Gatekeeper: Der Gatekeeper, z.B. ein(e) Assistent/in, verteilt die Informationen. Alle Informationen (Angebote, Werbung, Verträge, etc.), die mit dem Kaufentscheidungsprozess zu tun haben, werden vom Gatekeeper verteilt.
- Der Entscheider: Er besitzt die endgültige Kaufentscheidungsmacht.

In diesem Einkaufsgremium kommt der Einkaufsabteilung eine besondere Rolle zu, da viele verschiedene Tätigkeiten werden in dieser Abteilung gebündelt werden: (Kotler & et al., 2007)

- Die Einkaufsabteilung sollte die Verfügbarkeit der Produkte überprüfen und den genauen Bedarf erfassen. Dazu gehört u.a. die Erfassung der benötigten Mengenanzahl, des Wunschlieferdatums, etc.
- Sie macht mögliche Lieferanten ausfindig und holt Angebote von verschiedenen Unternehmen ein.
- Angebote werden verglichen: Aspekte wie der Preis, die Qualität, die Zahlungsbedingung, der Service, etc. werden überprüft.
- Der Einkäufer legt die Kaufvertragsinhalte zusammen mit dem Verkäufer fest und verhandelt die Konditionen.
- Im Five-Forces-Model wird noch besprochen, wie wichtig Lieferantenbeziehungen sind. Diese werden durch die Einkaufsabteilung gepflegt.
- Markttrends sollten erkannt werden, um gegebenenfalls neue Informationen, z.B. Kostenentwicklungen, an andere Abteilungen weiterzugeben.
- Werbung und Sonderangebote sollten genutzt und verglichen werden, um Kosten einzusparen.

Einflussfaktoren auf den Kaufentscheidungsprozess

Abseits der Einkaufsabteilung haben auch andere Faktoren einen Einfluss auf den Kaufentscheidungsprozess. Diese Faktoren kann man in Einflüsse aus der Umwelt und Einflüsse aus dem Unternehmen aufteilen (Kotler & et al., 2007).

Einflüsse aus der Umwelt beinhalten: Aktivitäten des Wettbewerbers, konjunkturelle Lage, wirtschaftliche Prognosen, staatliche Eingriffe, u.v.m.

Einflüsse aus dem Unternehmen sind: Ziele des Unternehmens, Richtlinien und Strukturen (Hierarchien) im Unternehmen, wie viele Personen an der Kaufentscheidung beteiligt sind, welche Beschränkungen die Einkaufsabteilung hat, was für Bewertungskriterien ein Angebot hat, u.v.m.

Außerdem gehören zu den unternehmensbezogenen Einflüssen noch die gesamten persönlichen Eigenschaften der dort angestellten Mitarbeiter:

Die subjektiven Motive, Sichtweisen und Präferenzen der Mitarbeiter; Charakteristika, wie z.B. Alter, Geschlecht, Bildung oder Persönlichkeitseigenschaften spielen eine Rolle. Sollten Einkäufer nicht mehr objektiv zwischen den gleichartigen Angeboten und Produkte unterscheiden können, spielt die Geschäftsbeziehung zum Verkäufer eine wichtige Rolle. Es kommt zu einer kognitiven Vereinfachung der komplexen Kaufentscheidung.

Die Phasen des Kaufentscheidungsprozesses

Um das B2B-Marketing nun abschließend verstehen zu können, fehlen noch die einzelnen Phasen des Kaufentscheidungsprozesses (Kotler & et al., 2007).

1. Problemerkennung: Es tritt ein Bedürfnis beim Nutzer oder Einkäufer tritt auf und wird erkannt.

2. Der Bedarf wird ermittelt: Welches Produkt bringt die passende Lösung?

3. In der Einkaufsabteilung wird nach möglichen Lieferanten gesucht.

4. Angebote einholen: Lieferanten werden kontaktiert und geben Angebote ab.

5. Auswahl eines Angebotes: Verschiedene Kriterien spielen dabei eine Rolle (Qualität, Preis, Marke, etc.).

6. Bestellung: Rahmenverträge werden festgelegt und das Produkt bestellt.

7. Aftersales & Qualitätsmanagement: Überprüfung der Qualität und Richtigkeit der Bestellung. Pflege der Lieferantenbeziehung, um den Kaufentscheidungsprozess bei der nächsten Bestellung zu vereinfachen und mithilfe von Kundenrabatten womöglich Kosten zu sparen.

Dieser Kaufentscheidungsprozess ist von der Geschäftsbeziehung und Kaufsituation abhängig: Handelt es sich um einen Erstkauf, durchläuft man den gesamten Kaufprozess. Umfasst der Bedarf nur geringfügige Abweichungen von einem bereits getätigten Kauf, handelt es sich um einen modifizierten Wiederkauf. Ist das bestellte Produkt mit einer vorherigen Bestellung identisch, kommt es zum Wiederkauf. Beim Wiederkauf ist der Kaufprozess stark vereinfacht und abgekürzt. (Scharf & et al., 2012)

Tipp: Durch Wiederkäufe sind gute Geschäftsbeziehung für das B2B-Marketing von besonderer Wichtigkeit. Durch die langfristige und vertrauensvolle Zusammenarbeit kommt es zu routinemäßigen Kaufentscheidungsprozessen. Das Angebot wird aufgrund der guten Erfahrungen nicht weiter hinterfragt. Hierbei spielt die Markenloyalität und Markenbindung eine bedeutende Rolle: Auch im B2B-Marketing können starke Marken eingesetzt werden, um Kunden zu gewinnen und anschließend zu binden. Beide Seiten profitieren von der Beziehung, da die Einkaufs- und Verkaufsabteilungen sich viel Aufwand sparen.

Der Marketingplan

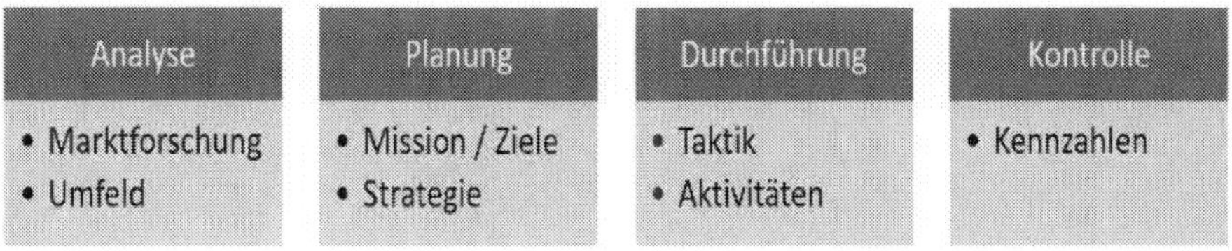

Abbildung 9: Der Marketingplan, eigene Darstellung

Der Marketingplan ist die wichtigste Übersicht für das Marketing und beinhaltet alle Stationen, die dabei behandelt werden. Er gibt vor, wie der Marketingprozess im Optimalfall strukturiert ist (Becker, 2009).

Den Beginn macht die Analysephase, bestehend aus der Marktforschung und einer Umfeldanalyse. In der Analysephase wird u.a. geschaut, in welcher Wettbewerbssituation sich das Unternehmen befindet und ob der Markt genügend Chancen bietet? Was sind die Bedürfnisse der Zielgruppe?

In der Planungsphase wird mithilfe der Analysephase eine Strategie ausgearbeitet. Grundlage dafür ist eine formulierte Mission und Vision des Unternehmens. Darüber hinaus werden die Unternehmensziele festgelegt.

In der Durchführungsphase werden die strategischen Vorgaben umgesetzt. Hier kommen die behandelten Marketingaktivitäten ins Spiel und der Marketingmix setzt die Strategie in konkrete Maßnahmen um.

Zu guter Letzt wird in der Kontrollphase die Zielerreichung kontrolliert: Hat das Unternehmen es geschafft die Kennzahlen, die in der Planungsphase festgelegt wurden, zu erreichen?

Mit jeder Marketingphase hängen wichtige Fragestellungen zusammen, die man sehr gut optisch darstellen kann:

Abbildung 10: Die Marketingpyramide, eigene Darstellung

Die Analyse- und Kontrollphase stehen außerhalb der Pyramide, da diese Unternehmensaktivitäten zwar viel mit dem Marketing zu tun haben, aber meistens von anderen Abteilungen bedient werden. So gehört die Analysephase in den meisten Fällen zur Marktforschungsabteilung und die Kontrollphase zur Controlling-Abteilung dazu.

Die Mission ist das Fundament des Unternehmens. Warum gibt es das Unternehmen? Was ist der Mehrwert für die Gesellschaft? Mithilfe der Ziele wird konkret formuliert, was man erreichen möchte. In der Strategiephase wird dann überlegt, wie man diese Ziele erreichen kann bzw. möchte. Schlussendlich wird in der Taktikphase danach gefragt, was man konkret im operativen Geschäft tun muss, um die strategischen Vorgaben umzusetzen.

Video 4: Einführung Marketingplan

In den nächsten Kapiteln werden die einzelnen Phasen des Marketingplans näher betrachtet.

Die Analysephase

Informationen haben in Zukunftsplanungen und Situationsanalysen einen wachsenden Stellenwert. Eine wichtige Rolle spielen Informationen auch in der Analysephase. In dieser werden alle relevanten Daten gesammelt und analysiert, um einen Überblick über den Wettbewerb, das eigene Umfeld und die Marktsituation zu bekommen. Da die nächsten Schritte im Marketingplan auf dieser Datenanalyse aufbauen, sollte die Analyse dementsprechend möglichst genau und umfangreich sein (Kotler & et al., 2007).

Die Analysephase kann man grob in die interne und externe Analyse aufteilen:

1. Interne Analyse: Die interne Analyse betrachtet Faktoren, die das Unternehmen selbst bestimmen und verändern kann. Das Unternehmen hat somit einen direkten Einfluss auf diese Komponenten (u.a. Mitarbeiter, Finanzen, Organisationsstruktur, etc.).

2. Externe Analyse: Die externe Unternehmensumwelt beschreibt Faktoren, auf die das Unternehmen kaum Einfluss hat und die auch abseits des Unternehmens existieren. (Wettbewerb, Technologie, Ressourcen, etc.)

Für diese Analysebereiche gibt es nun verschiedene Modelle, die beim Sammeln und Auswerten der Daten helfen können. Ein Teil der bekanntesten Modelle wird nun kurz vorgestellt:

Die SWOT-Analyse

Die SWOT-Analyse (Kotler, Berger, & Rickhoff, 2010) verbindet die interne und externe Analyse und betrachtet somit das Unternehmen *und* seine Umwelt. Dabei stehen die Buchstaben für die passende englische Bedeutung: Strengths (Stärken), Weaknesses (Schwächen), Opportunities (Chancen) und Threats (Risiken) werden zusammen in einer Übersicht dargestellt. Dabei beziehen sich die Stärken und Schwächen auf das Unternehmen (intern) und die Chancen und Risiken auf die Unternehmensumwelt (extern). Die Daten können z.B. aus der eigenen subjektiven Erfahrung oder der Marktforschung stammen. Der Vorteil dieses Modells besteht darin, dass man die interne und externe Betrachtung in einer Übersicht verbinden kann. Im Optimalfall ergeben sich Möglichkeiten die Stärken des Unternehmens mit den Chancen im Markt zu verbinden. Dieses Modell kann man mit qualitativen und quantitativen Daten füllen und ist als normale Tabelle darstellbar.

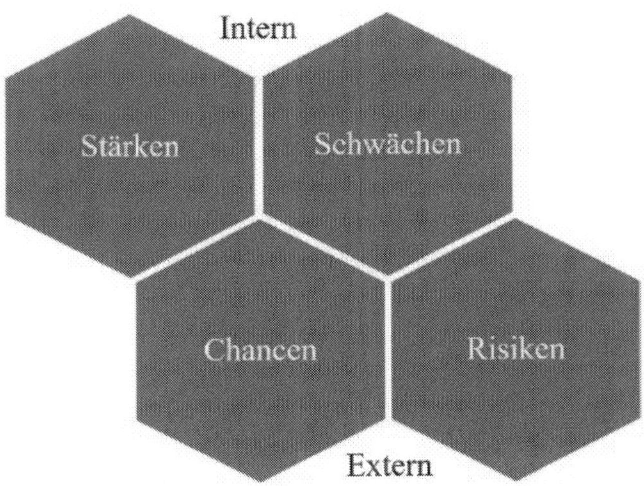

Abbildung 11: Die SWOT-Analyse, eigene Darstellung

Durch die vier Komponenten ergeben sich verschiedene Handlungsstrategien: (Große, Platte, Schiek, Ziehe, & Zwerschke, 2010)

Ausbaustrategie: Im Idealfall treffen unternehmensinterne Stärken auf unternehmensexterne Chancen. In dieser Position sollte man die Stärken ausbauen und die Chancen nutzen.

Absicherungsstrategie: Externe unternehmensbezogene Umweltrisiken treffen auf Stärken des Unternehmens. Die Strategie sollte sich gegen die Risiken absichern.

Aufholstrategie: Gibt es Marktchancen, die mit dem jetzigen Geschäftsmodell nicht genutzt werden können, sollte man versuchen die Unternehmensschwächen aufzuholen.

Meidungsstrategie: In diesem strategischen Bereich sollte sich das Unternehmen zurückziehen. Eigene Schwächen treffen auf Marktrisiken.

Externe Faktoren / Interne Faktoren	Chancen	Risiken
Stärken	Ausbauen	Absichern
Schwächen	Aufholen	Meiden

Abbildung 12: Die SWOT-Strategien, eigene Darstellung, Quelle: (Broda, 2005, S. 71)

Die externe Unternehmensumwelt

Die externe Unternehmensumwelt spielt vor allem bei den Chancen und Risiken eine Rolle und kann somit direkt in die SWOT-Analyse eingebunden werden.

Die externe Unternehmensumwelt lässt sich in Mikro- und Makroumwelt einteilen (Kotler & et al., 2007). Die Möglichkeiten zur Einflussnahme auf die Faktoren hängt von der Einteilung ab. Die Mikroumwelt hat einen direkten Einfluss auf das Unternehmen, in ihr befinden sich Lieferanten, Kunden, Händler und Konkurrenten. Der Umweltbereich kann auch aktiv mitgestaltet und beeinflusst werden. Ein Unternehmen besitzt hier eine gewisse Handlungsfreiheit in der Auswahl seiner Lieferanten, Händler und Kunden, auch das Verhalten gegenüber den Wettbewerbern kann aktiv und individuell verändert werden.

In der Makroumwelt fallen diese Handlungsmöglichkeiten größtenteils weg. Dieser Bereich besteht aus: Technologien, Ressourcen, dem Staat oder der Gesellschaft. Für ein Unternehmen wird es hier wesentlich schwerer, einen Einfluss auf die Subjekte zu nehmen. Die Normen und Werte einer Gesellschaft lassen sich kaum durch ein Unternehmen ändern. Die Ressourcen der Erde sind endlich. Das Unternehmen unterliegt Gesetzen und Regularien der Regierung. Neue Technologien können die Wirtschaft verändern. All diese Faktoren sind schwieriger zu ändern und ein Unternehmen hat dabei nicht die Möglichkeiten, allein und selbstbestimmt etwas zu verändern, sondern muss sich in die gesamte Gesellschaft eingliedern.

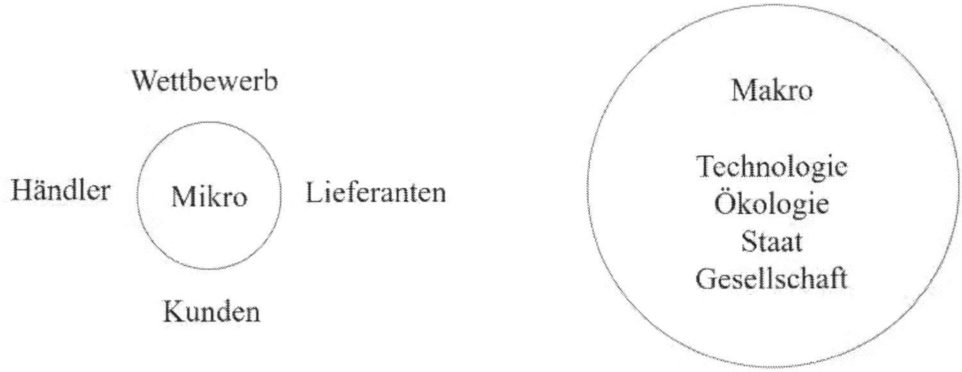

Abbildung 13: Die externe Unternehmensumwelt, eigene Darstellung

Das Five-Forces-Modell

Das Modell von Michael E. Porter (Porter, 1980) ist ebenfalls eine Darstellung der externen Unternehmensumwelt, bei der jedoch die Mikroumwelt genauer betrachtet wird. Die fünf unternehmensbezogenen Einflussfaktoren, nach denen das Modell benannt wurde, sind:

- Direkter Wettbewerb: Bestehende Konkurrenzunternehmen haben die gleiche Zielgruppe und ein vergleichbares Angebot.
- Neue Konkurrenz: Der Markt ist kein geschlossenes System. Es können Unternehmen in den Markt drängen oder sich neue Unternehmen herausbilden, die die gleiche Zielgruppe besitzen.
- Substitutionsgüter: Die Bedürfnisse der Zielgruppe können auf verschiedene Art und Weise befriedigt werden. Dadurch kann es passieren, dass Produkte von den Kunden als austauschbar erlebt werden.

- Verhandlungsmacht von Kunden: Auf vielen Märkten herrscht ein Überangebot. Der Kunde kann aus einer Vielzahl von gleichartigen Produkten wählen und mit seiner Kaufentscheidung bestimmte Unternehmen unterstützen.
- Verhandlungsmacht von Lieferanten: Ein Unternehmen, das Güter weiterverarbeitet, ist von seinen Lieferanten abhängig. Fallen Lieferungen aus oder das Unternehmen bekommt keine passenden Roh- und Hilfsstoffe, kann es zu Produktionsengpässen kommen.

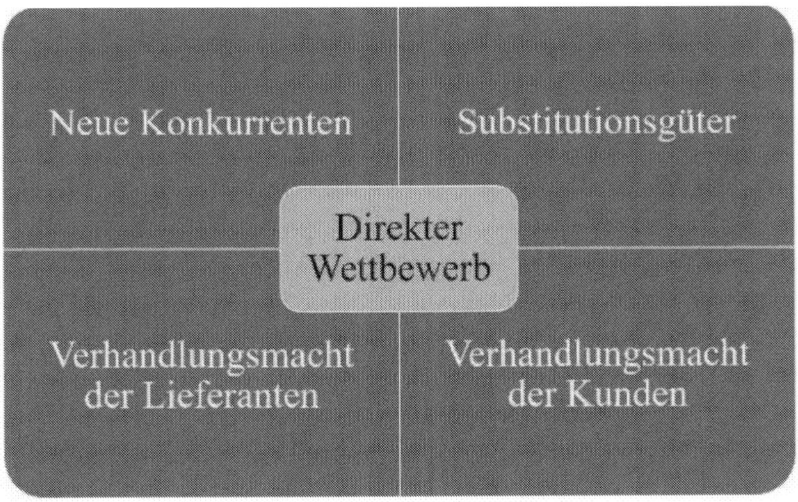

Abbildung 14: Das Five-Forces-Model von Porter, eigene Darstellung

Auch dieses Modell kann man mit der gesamten externen Unternehmensumwelt und dem SWOT-Modell verbinden, um so einen möglichst umfassenden Blick auf die Unternehmenssituation zu bekommen.

Es folgen noch drei Modelle, um die interne Analysephase zu vervollständigen.

Der Produktlebenszyklus

Die Daten des Produktlebenszyklus (Vernon, 1966) sind quantitativ. Auf der einen Seite spielt die Zeit, die das Produkt bereits auf dem Markt ist, eine Rolle, auf der anderen Seite der durch es erzielte Gewinn. Die meisten Produkte sind ständiger Veränderung ausgesetzt und unterliegen einem bestimmten Verlauf: Die Verkaufszahlen und der Gewinn sind zu Beginn sehr niedrig, steigen dann und nehmen zum Ende des Produktlebenszyklus wieder ab.

Am Anfang wird ein Produkt entwickelt und verursacht zunächst durch Forschung und Entwicklung nur Kosten (Entwicklungsphase). Nach erfolgreichen Tests kann es am Markt als neues Produkt eingeführt werden. Gelingt die Markteinführung erfolgreich, befindet man sich in der Wachstumsphase. Die Nachfrage nach dem Produkt wächst, die Verkaufszahlen und Gewinne steigen. Seinen Zenit erreicht es in der Reifephase, da die Nachfrage allmählich gesättigt ist. Zum Schluss sinken die Verkaufszahlen und der Gewinn ist wieder rückläufig.

In der Degenerationsphase muss überlegt werden, ob das Produkt nicht wieder vom Markt genommen werden muss. Eventuell kann eine neue Produktinnovation das alte Produkt ersetzen.

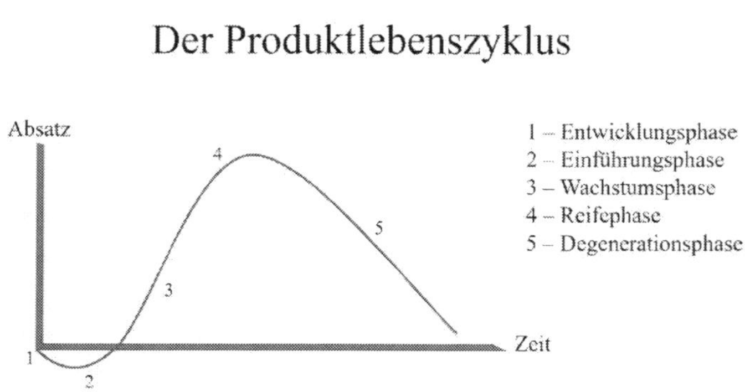

Abbildung 15: Der Produktlebenszyklus, eigene Darstellung

Die BCG-Matrix

Als vorletztes Modell wird das sehr bekannte BCG-Model (Henderson, 1970) vorgestellt. Diese Übersicht hilft ebenfalls dabei die interne Analysephase näher zu betrachten. Das Boston-Consulting-Group-Model (BCG) untersucht die Portfoliozusammensetzung und wirft damit auch einen Blick auf die Produkte. Dort werden die einzelnen Geschäftseinheiten, z.B. Produkte oder Segmente, in vier Bereiche eingeteilt: Stars, Question Marks, Poor Dogs und Cash Cows. Die Achsen setzen sich aus dem Marktwachstum und dem Marktanteil der Produkte zusammen.

Der Poor Dog-Bereich ist dabei die schlechteste Variante. Hier gibt es weder Marktwachstum noch Marktanteil. Das Produkt trägt nicht zum Erfolg des Unternehmens bei und kann aus dem Angebot entfernt werden.

Auf einem sehr stark wachsenden Markt befinden sich die Produkte im Question Mark-Bereich, deren Zukunft ungewiss ist. Kann der Markt dauerhaft wachsen, sollte sich in Zukunft um genügend Marktanteil bemüht werden. Weitere Investitionen lohnen sich nur bei zukunftsfähigen Märkten.

Das Ziel des Unternehmens sollte darin bestehen, möglichst viele Produkte aus dem Star-Bereich zu besitzen. In diesem Bereich wächst der Markt und das Unternehmen hat genügend Marktanteile gesichert, um Erfolge mit seinen Produkten zu erzielen.

Im letzten Bereich, der Cash Cow, geht es darum, Produkte solange am Markt zu lassen wie sie noch profitabel sind. Dieser Bereich hat dabei keine großen Zukunftsaussichten mehr, man hat aber genügend Marktanteile gesichert, dass die Produkte noch genügend Gewinn abwerfen.

Bei der BCG Matrix handelt es sich um einen Kreislauf bzw. ein offenes System. Aus einer Question Mark kann ein Star werden, aus einem Star eine Cash Cow werden, usw.

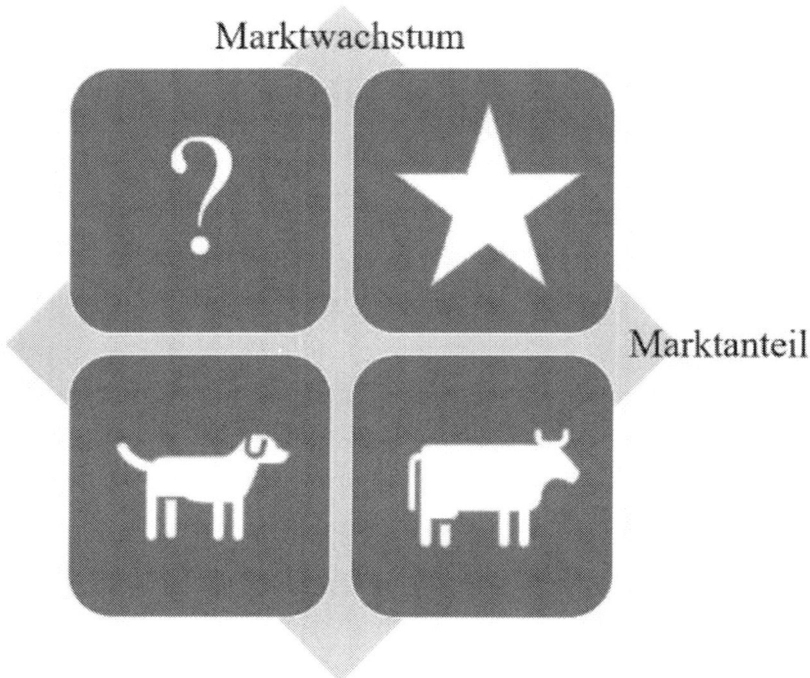

Abbildung 16: Die BCG-Matrix, eigene Darstellung

Die 9-Felder-Portfolio-Matrix

Eine Art Erweiterung zur BCG-Matrix ist die 9-Felder-Matrix, die von General Electric und der Beratungsfirma McKinsey & Co. entwickelt wurde. Hierbei bestehen die Achsen aus den Dimensionen der relativen Wettbewerbsvorteile und der Marktattraktivität. (Große, Platte, Schiek, Ziehe, & Zwerschke, 2010)

Die relativen Wettbewerbsvorteile bestehen aus:

- der relativen Marktposition (z. B. Markt-, Umsatzanteil)
- dem relativen Produktionspotenzial (z.B., Lizenzen, Standortvorteile)
- den relativen Qualifikationen der Führungskräfte und Mitarbeiter (Professionalität und Motivation der Führungskräfte)

Die Marktattraktivität setzt sich aus folgenden Aspekten zusammen:

- Marktwachstum und Marktgröße
- Marktqualität (z. B. Wettbewerbsintensität)
- Energie- und Rohstoffversorgung
- Umfeldsituation (Gesetzgebung, Abhängigkeiten von Konjunktur)

Aus diesen Dimensionen ergeben sich neun verschiedene Handlungsstrategien und Analysemöglichkeiten. Ähnlich wie bei der BCG-Matrix lassen sich die Felder sowohl auf Produkte oder Kundengruppen als auch Märkte anwenden. Diese Analysetools sind also vielseitig einsetzbar. (Große, Platte, Schiek, Ziehe, & Zwerschke, 2010)

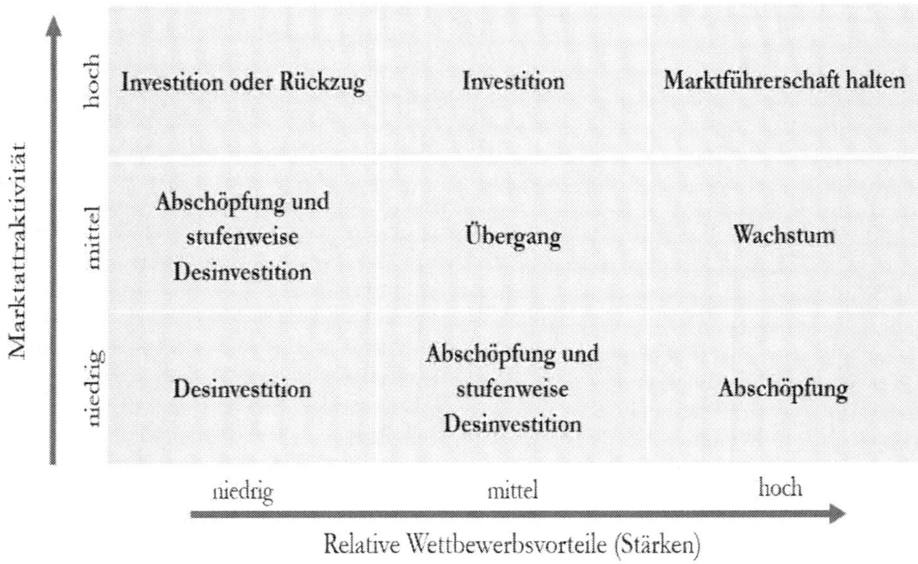

Abbildung 17: 9-Felder-Matrix, eigene Darstellung,
Quelle: (Weis, 1999, S. 58)

Tipp: Was kann man wirklich beeinflussen? An welchem Aspekt kann man das Marketing sinnvoll ausrichten? Wie aktiv möchte man in die Makroumwelt eingreifen? Verbinden Sie die verschiedenen Modelle aus der internen und externen Analysephase miteinander.

Video 5: Die Analysephase

Die Planungsphase

Wie im Marketingplan zu sehen ist, folgt nach der Analyse-die Planungsphase, in der die Mission und die Ziele des Unternehmens festgelegt werden. (Kotler & et al., 2007) Auf diesen Aspekten baut die Marketingstrategie auf.

Begonnen wird mit der Formulierung einer Mission, die aus mindestens drei Bereichen bestehen sollte: Die Kompetenz, die Begeisterung und die wirtschaftlichen Grundlagen der Firma. (Scharf & et al., 2012)

Die wirtschaftlichen Grundlagen wurden bereits ausführlich behandelt. Dabei spielen die Branche, das Angebot und der Kunde eine entscheidende Rolle.

Bei der Begeisterung drückt man den Existenzgrund des Unternehmens aus: Warum gibt es das Unternehmen? Was ist sein Mehrwert? Dieses Warum soll die Mitarbeiter motivieren.

In der Kompetenz wird das Alleinstellungsmerkmal beschrieben: Was kann das Unternehmen besser als andere? Was ist sein spezielles Angebot? Welche Produkte oder Dienstleistungen werden angeboten? Wie sieht die Unternehmensgeschichte aus?

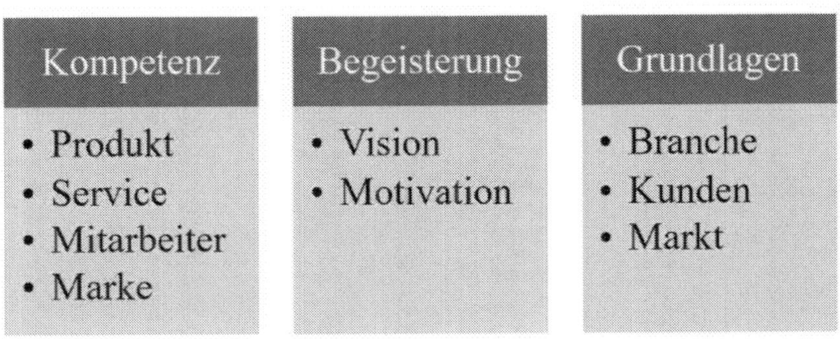

Abbildung 18: Die Formulierung der Mission, eigene Darstellung

Auch die Formulierung von Zielen kann mit einer einfachen Formel erleichtert werden: Die SMART-Formel (Locke & Latham, 1991) hilft, die wichtigsten Merkmale von Zielen im Überblick zu behalten. Demnach sollten Ziele:

1. Specific (Spezifisch),
2. Measureable (Messbar),
3. Agreed (Akzeptiert),
4. Realistic (Realistisch) und
5. Time-Bounded (Zeitgebunden) sein.

Außerdem lassen sich Ziele in qualitative und quantitative Aspekte aufteilen: (Grunwald & Schwill, 2019)

Quantitative	Qualitative
Gewinn	Image
ROI	Öffentlichkeitsarbeit
Marktanteil	Kundenzufriedenheit
Verkaufszahlen	Bekanntheit

Abbildung 19: Die Zielaufteilung, eigene Darstellung

Video 6: Mission & Ziele

Die Marketingstrategien

Nachdem man die Ziele und die Mission formuliert hat, stellt sich die Frage nach dem Wie: Wie möchte man diese Ziele erreichen? Die Marketingstrategien helfen nun, den richtigen Weg einzuschlagen.

Die Marketingstrategie ist ein Prozess, der die Ausrichtung des Marketings beschreibt. Es ist eine Grundsatzentscheidung wie die Unternehmensziele erreicht werden sollen.

Während der Analysephase wurde bereits in der Mikroumwelt einen Blick auf die Kunden und den Wettbewerb geworfen. Bei den Marketingstrategien ist diese Aufteilung ebenfalls sehr wichtig: Es gibt kundenorientierte und wettbewerbsorientierte Marketingstrategien. In diesem Kapitel werden nun die bekanntesten Strategien vorgestellt, begonnen mit den kundenorientierten:

Die Marktfeldstrategie: Produkt-Markt-Matrix

Die Marktfeldstrategie von Ansoff (Ansoff, 1965) beschreibt, mit welchen Produkten das Unternehmen auf welchen Märkten aktiv werden möchte. Je nach Markt- und Produktbereich kann man unterschiedliche Maßnahmen ablesen, die dabei helfen die formulierten Ziele umzusetzen. Die konkrete operative Umsetzung erfolgt in der Durchführungsphase, die dann die Marketingmaßnahmen beinhaltet. Dort werden die strategischen Vorgaben in die Praxis umgesetzt.

Die Marktfeldstrategie wird in vier Bereiche eingeteilt: (Scharf & et al., 2012)

Marktdurchdringung: Diese Marketingstrategie bezieht sich auf bestehende Produkte in bestehenden Märkten. Die Ziele sind:

- Den Absatz bei bestehenden Kunden zu erhöhen.
- Kunden von der Konkurrenz zu gewinnen.
- Neue Kunden zu gewinnen.

Einige Maßnahmen für die Umsetzung der Marktdurchdringung enthalten die 4 P´S, z.B. Preise senken (Preispolitik), Vertriebswege der Konkurrenz nutzen (Distributionspolitik), Verkaufseinheiten ändern (Produktpolitik), etc. Auf die einzelnen Maßnahmen wird im Marketingmix eingegangen.

Marktentwicklung: Bestehende Produkte sollen auf neuen Märkten angeboten werden und neue Potentiale in Wachstumsmärkten erschlossen werden. Das Geschäftsmodell soll durch mehrere Märkte oder neue Erträge abgesichert werden. Das kann durch diese Aspekte erreicht werden:

- Markteintrittsmaßnahmen: Export der Produkte, Franchising, Verträge mit lokalen Unternehmen, Joint Venture und Investieren in neue Filialen.
- Neue Verwendergruppen finden: Vorherige Nichtkunden sollen gewonnen werden.
- Neuen Verwendungszweck & zusätzliche Bedürfnisbefriedigung schaffen: Ein Produkt kann eventuell auf unterschiedliche Art und Weise verwendet werden und somit zur Befriedigung unterschiedlicher Bedürfnisse dienen.

Bei der Marktentwicklungsstrategie gibt es eine Kombinationsmöglichkeit mit den Grundlagen des Marketings.

Bei der Abgrenzung der Märkte in zeitlich, räumlich und sachlich werden die Fundamente der Strategie gesetzt. Denn genau in dieser Weise kann man nun auch die Märkte erschließen: Die Erschließung neuer Märkte entspricht dabei der räumlichen Marktabgrenzung und das Finden eines neuen Verwendungszwecks / einer neuen Zielgruppe entspricht der sachlichen Marktabgrenzung.

<u>Produktentwicklung</u>: Neue Produkte sollen auf bestehenden Märkten eingesetzt werden. Kunden sollen durch Innovationen gebunden oder neu gewonnen werden. Produkte können unterschiedlich stark verändert werden:

- Echte-Innovationen: Komplette Produktneuheit.
- Quasi-Innovationen: Knüpfen an Grundnutzen bisheriger Produkte an und dienen so als Erweiterung des Angebots.
- Me-Too-Produkte: Nachahmung von bestehenden Produkten der Konkurrenz.

<u>Diversifikation</u>: Ein neuer Markt wird mit neuen Produkten bedient. Die Marktmacht soll weiter ausgebaut und Potentiale erschlossen werden. Zusätzlich dient die Diversifikation als operative Absicherung, wenn man mehrere Produktkategorien auf unterschiedlichen Märkten besitzt. Die neuen Produkte auf dem neuen Markt können unterschiedlich stark vom jetzigen Geschäftsmodell abweichen:

- Horizontale Diversifikation: Produkt- oder Absatzverwandschaft zu bereits bestehenden Aktivitäten. Ein Produktnutzen wird beispielweise durch ein neues Produkt ergänzt oder erweitert. Es besteht ein Zusammenhang zwischen neuen Produkten und bereits angebotenen Grundnutzen der bisherigen Produkte.

Beispielsweise entwickelt ein Kaffeemaschinenhersteller gleich noch den passenden Kaffee dazu. Doch wo hört die Produkt- oder Absatzverwandschaft auf? Wann ergänzen sich die Produkte und wann nehmen die Produkte sich gegenseitig die Marktanteile weg? Die Antwort liefert die Markt- und Produktabgrenzung aus den Grundlagen im Marketing. Man muss neue Märkte bedienen oder neue Produktkategorien entwickeln.

- Vertikale Diversifikation: Eine Vor- oder nachgestellte Position in Hinblick auf die Wertschöpfungskette wird entwickelt. Die Wertschöpfungskette betrachtet den gesamten Produktions- und Distributionsprozess. Eine Position in diesem Prozess wird nun von dem Unternehmen weiterentwickelt und selber übernommen. Ein Onlineversandhandel bietet beispielsweise neuerdings auch einen Lagerverkauf an: Es gibt nun eine neue Form des Distributionskanals, es können neue Kontaktpunkte mit dem Kunden entstehen.
- Laterale Diversifikation: Es besteht kein Zusammenhang zum bisherigen Geschäftsmodell.

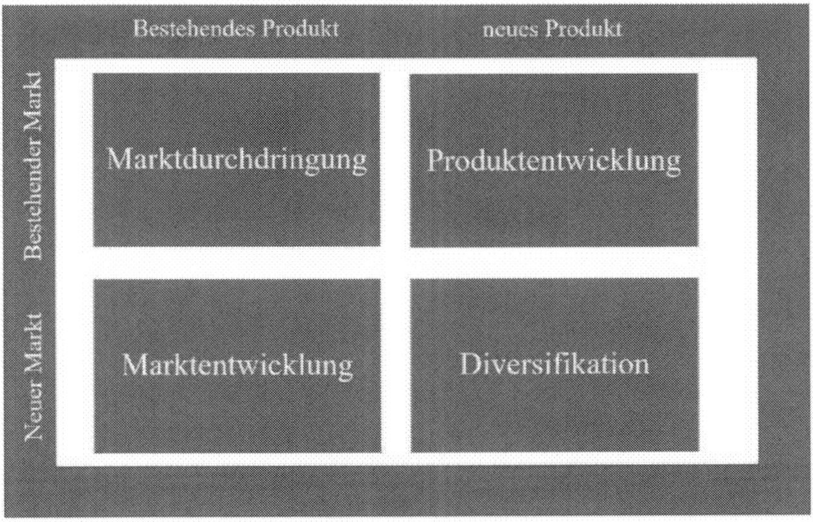

Abbildung 20: Die Marktfeldstrategie / Produkt-Markt-Matrix, eigene Darstellung

Video 7: Die Marktfeldstrategie

Die Produktinnovation

Gerade in der sich schnell verändernden Wirtschaft ist es wichtig, neue Trends zu setzen. Die Produktinnovation setzt direkt in der Marktfeldstrategie an und unterstützt die Produktentwicklungsstrategie (Becker, 2009). Neue Produkte schaffen Anreize für den Kunden und helfen, der Konkurrenz einen Schritt voraus zu sein. Wer Trends rechtzeitig erkennt und mit seinen Innovationen bedient, kann davon profitieren.
Beim Innovationsprozess sollten der Wettbewerb und die Kunden gleichermaßen beachtet werden. Die Produktinnovation sollte sich von den Konkurrenzprodukten absetzen und mindestens ein Alleinstellungsmerkmal haben. Zusätzlich soll der Kunde Teil des Innovationsprozesses sein, schließlich muss ihm letztendlich das Produkt gefallen. Mit seiner Kaufentscheidung entscheidet der Kunde über den Erfolg oder Misserfolg des Produkts.
Dass Produkte floppen, kommt sehr häufig vor. Nur die wenigsten Innovation setzten sich schlussendlich am Markt durch. Das kann verschiedene Gründe haben: (Scharf & et al., 2012)

- Das Produkt ist keine Neuheit oder nicht originell genug.
- Das Unternehmen hat keine Kundenorientierung verwendet.
- Kunden oder Mitarbeiter wurden nicht in den Innovationsprozess eingebunden.
- Das Produkt passt nicht zur Marke.
- Zwischen Positionierung und Produktgestaltung ist kein Zusammenhang erkennbar.
- Das Unternehmen hat keine Marktforschung betrieben.
- Der Marketingmix ist nicht auf das Produkt abgestimmt.
- Es wurde kein ausreichender Finanzplan aufgestellt.

- Es gibt zu wenig Unterstützung der Innovation im Unternehmen.
- Es wurden keine Kontrollmechanismen eingeführt.

Neben den zahlreichen Flopgründen gibt es auch einige Erfolgsfaktoren: (Scharf & et al., 2012)

- Die Differenzierung gegenüber dem Wettbewerb ist gelungen.
- Das Produkt besitzt eine gute Qualität und ist zuverlässig.
- Das Produkt besitzt eine wohlüberlegte Preissetzung.
- Die Produktverbesserung ist wahrnehmbar und wurde beworben.

Der angesprochene Innovationsprozess besteht aus fünf Phasen: (Scharf & et al., 2012)

1) Bestimmung des Zielmarkts
2) Ideenfindung und -konkretisierung
3) Konzeptentwicklung
4) Produktentwicklung und -test
5) Markteinführung

Abbildung 21: Der Produktinnovationsprozess, eigene Darstellung

1) Die Zielmarktbestimmung

Die Zielmarktbestimmung fängt mit einer Grundlage aus dem Marketing an. Die Ansoff-Matrix beschreibt, wie das neue Produkt auf welchen Märkten positioniert werden kann. Als nächsten Schritt formuliert man die Chancenbereiche: Welche Märkte haben das größte Potential, wachsen am stärksten und sind groß genug? Aus den Antworten wird das konkrete Problem und Bedürfnis des Kunden abgeleitet.
Wie findet man Chancenfelder und Trends, die es wert sind, soweit betrachtet zu werden, dass man vielleicht eine Innovation dafür entwickelt?

Es gibt zwei Methoden, um aktuelle und zukünftige Bedürfnisse zu ermitteln (Wilms, 2006). Für die aktuellen Bedürfnisse gibt es die Marktstrukturanalyse, eine graphische Darstellung der Eigenschaften und Produkte am Markt.

Man kann sie mithilfe der Korrespondenzmethode (Statistik) durchführen. In der Regel erhält man ein Positionierungsmodell, durch das man offene Marktnischen erkennt und somit schlussfolgern kann, welche Produktwünsche oder -eigenschaften unerfüllt bleiben. Die nötigen Daten erhält man normalerweise aus der quantitativen oder qualitativen Marktforschung.

Für die Ermittlung zukünftiger Trends und Bedürfnisse hilft die Trendforschung. Trends werden beobachtet und gesammelt, um danach mit Bewertungsmethoden & Kennzahlen gefiltert zu werden. Zum Schluss fokussiert man sich dann auf einen Trend, den man in der Ideenfindung umsetzen möchte. (Scharf & et al., 2012)

Für die Trendanalyse benötigt man eine klare Zieldefinition. Wichtig ist die Nutzung relevanter Informationsquellen zur Trendidentifikation, um die Daten auszuwerten und die richtigen Schlussfolgerungen ziehen zu können. Der ausgewählte Trend bestimmt schlussendlich, welche Ideen generiert werden und ob das Projekt zukünftig Erfolg haben wird.

2) Die Ideengenerierung und -konzeption.

Es gibt interne und externe Methoden, um Ideen zu finden:
Externe Methoden umfassen z.B. Kundenbefragungen, Beobachten von Konkurrenzprodukten, Analysieren von Fachzeitschriften, Expertenbefragungen, Einschalten von Kreativagenturen, etc. .
Zu den internen Möglichkeiten zählt die Befragung der Marketingabteilung, der Forschungs- und Entwicklungsabteilung oder der Mitarbeiter (Außendienst, Callcenter), etc. .

Darüber hinaus gibt es noch konkretere Methoden der Ideenfindung.

Zum einen kann man sogenannte Lead-User in den Innovationsprozess einbinden (Lamprecht, 2009). Lead User sind Kunden mit großer Produktexpertise, die den Markt genau kennen. Sie sind bereit, für Verbesserungen oder Innovationen Geld auszugeben und können andere Kunden beeinflussen (Trendsetter). Um die Lead User einzubinden, sollte man zuallererst einen Trend, der zu der Produktkategorie des Unternehmens gehört, finden und festlegen. Durch die Kundenanalyse wird erkannt, welches offene Bedürfnis die Lead-User haben. (Scharf & et al., 2012)

Danach kann man sich auf die Suche nach solchen Lead-Usern machen: Finden kann man Lead-User über eine Umfrage bei Bestandskunden oder über soziale Netzwerke. Im letzten Schritt werden die Lead-User in die Ideenfindung und den Produktentwicklungsprozess eingebunden, z.B. über Workshops. Weitere kreative, intuitive oder systematische Methoden sind: Brainstorming, 635-Methode, Disney-Methode, das morphologische System, Problemlösung, etc. (Scharf & et al., 2012)

3) Die Konzeptformulierung

Bei der Konzeptformulierung ist es wichtig, dass man die Möglichkeit hat die Idee in wenigen Sätzen zu beschreiben. Der Mehrwert sollte dem Kunden in 20-30 Sekunden klar werden. Müller & Schroiff (Müller & Schroiff, 2013) haben dafür einige Punkte formuliert, die das Konzept erfüllen sollte:

a) Kundenbedürfnisse erkennen: Was ist der Wunsch bzw. das Bedürfnis des Kunden?
b) Nutzenbeschreibung: Was ist der konkrete Nutzen für den Kunden? Welche Motive und Werte werden angesprochen?
c) Glaubwürdigkeit: Warum ist das Angebot glaubwürdig?

d) Extras: Zusatzangaben, wie z.B. Name, Verpackungsgröße oder auch der Preis.

➔ Diese Faktoren sollten zusammen in einer Werbebotschaft oder Konzeptformulierung auftauchen.

Das fertige Konzept mit dem Zielmarkt, der Idee und deren Formulierung sollte dazu führen, dass man sich von anderen Konzepten differenzieren kann. Das formulierte Ideenkonzept sollte relevant und umsetzbar sein.

4) Die Produktentwicklung

Zu Beginn startet man die Innovation mit einem Prototypen, den man vielleicht bereits in Zusammenarbeit mit einem Lead-User erstellt hat. An diesen Prototyp kann man stetig weiterarbeiten und Verbesserungen vornehmen, nachdem man einige Kundenmeinungen gesammelt hat.

5) Die Markteinführung

Bei der Markteinführung geht es hauptsächlich darum, den richtigen Zeitpunkt für die Einführungsphase zu treffen und den relevanten Markt zu finden. Der Prototyp oder das fertig entwickelte Produkt sollte man eventuell erst einmal nur in einer einzigen Verkaufsfläche oder einer Stadt/Region testen. Es geht in erster Linie darum, weitere Informationen und Meinungen von den Kunden zu sammeln.

Tipp: Mit der richtigen Idee und einer gut umgesetzten Innovation kann das Unternehmen es schaffen, langfristig erfolgreich zu bleiben. Damit das gelingt, sollte man sich an den Produktinnovationsprozess halten. Bevor das Produkt jedoch auf den Markt kommt, sollte es auch richtig positioniert sein.

Die Positionierungsstrategie

Eine grundlegende Entscheidung, über die sich viele Unternehmer Gedanken machen, ist die Überlegung, wie das Unternehmen von den Kunden wahrgenommen werden soll. Hierbei stellt sich vor allem die Frage nach dem Preis- / Leistungsverhältnis: Möchte man eine hohe Qualität mit sehr gutem Service anbieten, kann man einen höheren Preis verlangen als für ein durchschnittliches Angebot. Dieses Verhältnis von Preis und Qualität hat auch wiederum einen starken Bezug zu der am Anfang vorgestellten Wertformel.
Da es sich bei der Wertformel um ein Verhältnis handelt, spielen die einzelnen Faktoren eine Nebenrolle. Es geht darum, dass der Nutzen den Schmerz übersteigt. Wie das Unternehmen dieses Ziel erreicht, ist dabei nebensächlich. Ob das Unternehmen besonders günstig ist oder eine besonders gute Qualität hat, ist weniger entscheidend als die gesamte Differenz zwischen Nutzen und Schmerzen. Die Spannweite der Wertformel ist also vernachlässigbar. Wenn ein günstiger Preis für eine schlechte Qualität verlangt wird, ist es okay, solange der Nutzen den Schmerz überteigt.

Wird der Nutzen für den Kunden durch die Erhöhung der Qualität gesteigert, kann dementsprechend auch der Schmerz in Form des Preises erhöht werden. Bei der Positionierungsstrategie stellt sich nun also die Frage, ob man sich die Führerschaft auf dem Markt über die Qualität oder über den Preis erkämpfen möchte (Esch, Hermann, & Sattler, 2011).

a) Qualitätsvorteil

Es sollen starke Marken aufgebaut werden, die für zuverlässige Qualität stehen. Die Zielgruppe besteht aus Personen, die bereit sind für eine höhere Qualität mehr Geld auszugeben.

Das Ziel besteht also nicht darin, möglichst viele Produkte zu verkaufen, sondern qualitativ hochwertige Produkte mit einer hohen Marge anzubieten, um somit den Gewinn zu steigern. Hierbei ist die Marketingabteilung besonders wichtig. Wenn man die Marketing-Grundlagen beherrscht, richtig anwendet und zusätzlich noch eine Marke aufbaut, kann man den subjektiven (Zusatz)Nutzen beim Kunden erhöhen. Erst dann wird der Kunde ein Produktvertrauen aufbauen und die Qualität als hochwertig empfinden (Grunwald & Schwill, 2019).

Einige Vorteile der Qualitätsstrategie sind: (Scharf & et al., 2012)

+ Es entstehen echte Markenpräferenzen: Der Kunde bindet sich an ein Unternehmen und dessen Produkte, z.B. Apple.
+ Die emotionale Bindung führt zu einer langfristigen Wirkung.
+ Der Wettbewerbsvorteil liegt bei den Produkteigenschaften: Gibt es einen „tiefen Burggraben", kann es für die Konkurrenz schwer werden, vergleichbare Produkte herzustellen. Ein tiefer Burggraben besteht darin, dass die Markteintrittsbarrieren besonders groß sind oder das Unternehmen einen großen technologischen Fortschritt besitzt.

Einige Nachteile sind: (Scharf & et al., 2012)

- Höhere Kosten, die durch eine sehr gute Produktentwicklung und das Marketing entstehen.
- Eine solche Markenbindung und Qualitätspositionierung ist ein langfristiger Prozess. Durch die langfristige Planung und Strategie können operative Risiken entstehen.

b) Preisvorteil

Das langfristige Ziel sollte es sein, die Produkte günstiger anzubieten als die Konkurrenz. Die Marketingorientierung erfolgt demnach an der Produktion und dem Vertrieb. Es geht hauptsächlich darum, den Schmerz in der Wertformel zu senken. Kosten werden eingespart, Massenproduktion wird angestrebt, um Mengenrabatte zu bekommen und die Produkte werden aktiv über den Preis beworben. Der Preis ist das Alleinstellungsmerkmal des Unternehmens und rückt somit in Verkaufsverhandlungen oder bei der Werbung in den Vordergrund. Es wird versucht, so viele Produkte wie möglich zu verkaufen, da durch den günstigen Verkaufspreis die Margen niedrig sind. Der Gewinn soll über eine große Anzahl an verkauften Produkten erzielt werden.

Einige Vorteile der Preisstrategie sind: (Scharf & et al., 2012)

+ Der Preis lässt sich sehr einfach festsetzen und verändern. Dadurch ist diese Positionierungsstrategie sehr flexibel und einfach anzupassen.
+ Um die Produkte so günstig wie möglich anzubieten, liegt der Fokus auf einer effizienten und effektiven Gestaltung von Produktion und Vertrieb.
+ Durch den Fokus auf den Preis gestaltet sich die Marketingaktivität einfacher als bei der Positionierung im Qualitätsbereich.

Einige Nachteile sind: (Scharf & et al., 2012)

– Durch diese Positionierung kann es zu Preiskämpfen kommen. Da das Alleinstellungsmerkmal der Preis ist, muss das Unternehmen ständig versuchen das günstigste Angebot am Markt anzubieten.

- Die Kunden entwickeln keine echten Präferenzen bzw. echte Bindung zum Unternehmen. Es geht für den Kunden nur darum das günstigste Produkt zu kaufen.

Aus der Preis- oder Qualitätspositionierung ergibt sich folgende Übersicht: (Große, Platte, Schiek, Ziehe, & Zwerschke, 2010)

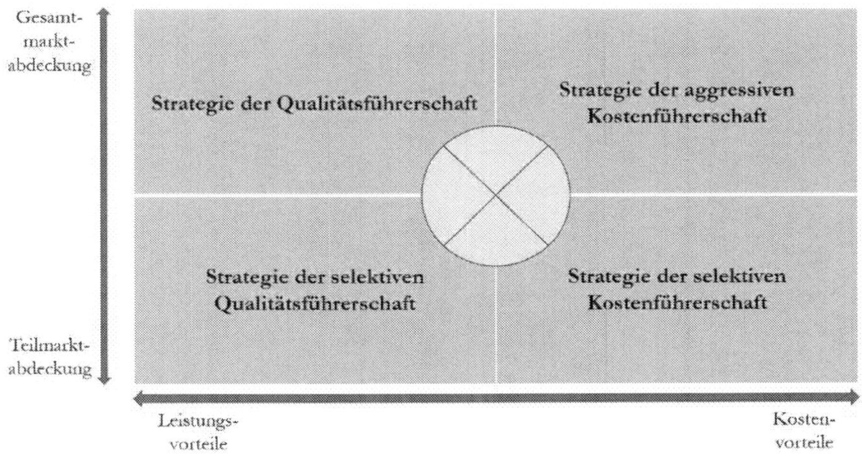

Abbildung 22: Die Positionierungsstrategien, eigene Darstellung, Quelle: (Bruhn, 1990, S. 75)

Betrachtet man die Qualitäts- und Preispositionierung, fällt auf, dass damit die beiden Extreme der Positionierung abgedeckt sind. Das Preis- /Leistungsverhältnis besteht aber nicht nur aus der Ausrichtung an der Leistung oder am Preis. Ein Verhältnis kann natürlich auch ausgewogen sein:

Ein fairer Preis für eine gute Qualität. Mit diesem Gleichgewicht könnte man versuchen, beide Positionierungswelten zu verbinden.

Eine Positionierung sollte eigenständig (von der Konkurrenz abgegrenzt), langfristig, einfach und klar sein. (Felser G. , 2015)

Die Schwierigkeiten der Positionierung sind in den Grundlagen und im Marketingplan erkennbar: Was ist der relevante Markt? Wie definiert man eine Zielgruppe? Welche Marketingorientierung wählt man? Was sind dann die Unternehmensziele und was die Mission? Worauf liegt der Fokus, wenn man überall durchschnittlich sein möchte? Wie möchte man wahrgenommen werden, wenn man weder für hohe Qualität noch für einen niedrigen Preis steht?

Video 8: Die Positionierung

Die Marktaufteilungsstrategie: Segmentierung und Targeting

Die Marktaufteilungsstrategie sollte nicht mit der sachlichen, räumlichen und zeitlichen Abgrenzung der Märkte verwechselt werden. Die Marktaufteilungsstrategie baut auf der Abgrenzung der Märkte auf. Wenn man seinen Zielmarkt oder seine Zielgruppe gefunden hat, ist es interessant zu wissen, ob es weitere Aufteilungsmöglichkeiten innerhalb dieser Zielmärkte oder -gruppen gibt. Daher bildet man Segmente (Becker, 2009) & (Kotler & et al., 2007).

Segmentierung: Als Segmentierung bezeichnet man die Aufteilung der Gesamtheit in kleinere Teilgruppen. Bezogen auf den Markt und die Zielgruppe bedeutet das, dass man den Gesamtmarkt und die Kunden in Kundengruppen und Markteinheiten aufteilt. Wonach bzw. wie man die Gesamtheit aufteilt, bleibt eine strategische Entscheidung, die in Kürze weiter beleuchtet wird. Nach der Segmentierung kann man das Targeting vornehmen. Die Segmentierung könnte man auch als Analysetool nutzen, um den Markt und die Kundengruppen zu unterscheiden. Die Segmentierung wird eine Marketingstrategie, wenn man das Angebot an die Segmente anpasst und das Targeting durchführt.

Targeting: Die Entscheidung bzw. eine Handlung, bei der mindestens eins der Segmente bedient wird. Diese Strategie ist also eine Fokussierung auf ausgewählte Nischen. Bestimmte Aspekte des Marketings, vor allem die Taktik, sollen an die ausgewählten Segmente angepasst werden.

Geht man nicht nach dieser Strategie vor, würde man Massenmarketing betreiben: Das gleiche Angebot an alle Kunden über so viele Kommunikationswege wie möglich kommunizieren. Es findet dabei keine Personalisierung statt.

Beispiel: Ein Fernbusunternehmen bedient das Bedürfnis nach Freiheit und Transport. Befriedigt das Fernbusunternehmen die Nachfrage nicht nur per Bus, sondern auch per Bahn, Flugzeug oder Auto, ist es auf einem Markt (Segment) mit mehreren individuellen Produkten (Transportmittel) unterwegs. Das Unternehmen hat sich auf den Markt der Personenbeförderung spezialisiert (Targeting) und bietet dort vielfältige Produkte an (= Marktspezialisierung).

Auf der anderen Seite steht das Angebot der Bahn. Sie bedient nicht nur Privatpersonen, sondern auch Geschäftskunden. Es werden Personen und Güter transportiert, wodurch mehrere Märkte entstehen. Gleichbleibend ist die Spezialisierung auf das Produkt: Der Transport mit dem Schienenverkehr per Nacht-, Schnell-, Auto-, Güterzug u.v.m. (= Produktspezialisierung).

Würde man sich nun auf nur ein Produkt in einem bestimmten Markt konzentrieren, hätte man das eben genannte Nischenmarketing.

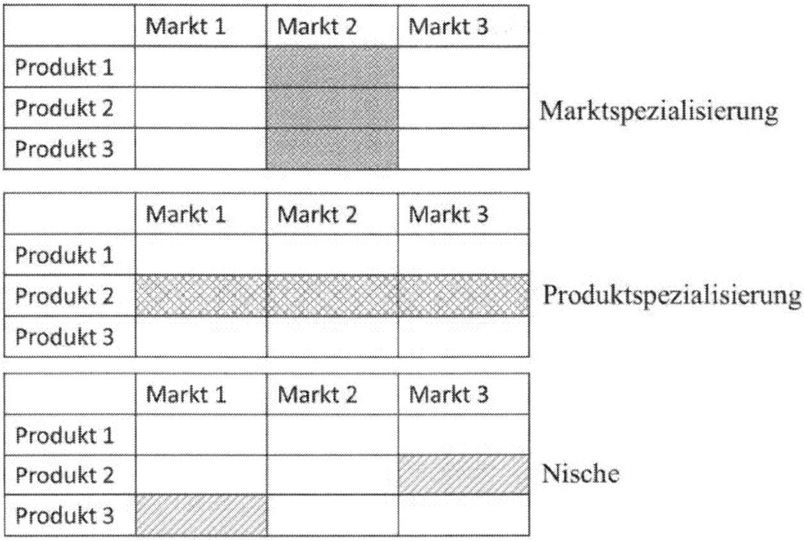

Abbildung 23: Segmentierungsbeispiele, eigene Darstellung, Quelle: (Bruhn, 1990, S. 58)

Der folgende Inhalt wird sich hauptsächlich nach dem Konsumgütermarketing und einer marktorientierten Vorgehensweise richten. Man kann den Markt auf verschiedene Art und Weise aufteilen und unterschiedliche Gütekriterien festlegen.

Warum soll man den Markt segmentieren und kein Massenmarketing betreiben? (Scharf & et al., 2012)

- Es lassen sich neue Angebote und Marketingaktivitäten schaffen, die speziell auf die Wünsche und Bedürfnisse des Kunden angepasst sind.
- Durch diese Individualisierung wird die Kundenbindung verstärkt. Das ist wichtig, da es schwieriger ist neue Kunden zu gewinnen als bestehende Kunden zu halten.
- Man grenzt sich vom Wettbewerb ab und hat die Möglichkeit, seine Leistung gegenüber diesen zu differenzieren.

- Der Kunde erkennt die Positionierung des Unternehmens, da bei der Segmentierung genauer auf seine Bedürfnisse eingegangen wird.
- Durch die Streuung von unterschiedlichen Angeboten auf die unterschiedlichen Zielgruppen und Märkte wird das Geschäftsmodell sicherer: Es ist genauer auf die Zielgruppen zugeschnitten, aber eventuell nicht mehr nur von einer großen, sondern vielen kleinen Zielgruppen oder Märkten abhängig.
- Durch die Fokussierung auf die profitabelsten Kundengruppen kann das Unternehmen Budget einsparen.

Nach welchen Merkmalen kann man nun diese Aufteilung (Segmentierung) der Kundengruppe vornehmen: (Freter, 2003)

- Soziografisch: Beruf, Familienstand, Einkommen, Bildung
- Demografisch: Alter, Geschlecht, Herkunft
- Psychografisch: Hobby, Einstellung, Persönlichkeitsmerkmal
- Verhaltensbezogen: Einkaufsverhalten, Nutzungsverhalten, Preisverhalten

Was verbindet ein Segment bzw. welche Eigenschaften muss ein solches Segment besitzen? (Kotler & et al., 2007)

- Ausreichende Größe: Das Segment muss groß genug sein, damit es das Potential besitzt, Profit zu machen.
- Erreichbarkeit: Man muss die Möglichkeit haben, auf dem Markt aktiv zu werden und die Kunden ansprechen zu können.

- Homogenität: Die Kundengruppe sollte ähnliche Bedürfnisse und Wünsche besitzen (siehe Aufteilung der Kundengruppe).
- Ähnliche Reaktion: Die Kundengruppe sollte auf die Taktik in ähnlicher Weise reagieren. Ist dies nicht der Fall, ist das Segment eventuell noch zu groß oder der Markt wurde nach den falschen Merkmalen aufgeteilt.

Wenn man das passende Segment gefunden hat und es die eben genannten Voraussetzungen erfüllt, welche Auswahlmöglichkeiten (Targeting) gibt es dann? (Becker, 2009)

- Konzentriertes Marketing: Nischenmarketing, Mikrotargeting oder auch One-to-One Marketing genannt, dienen dazu sich auf eine möglichst kleine Kundengruppe zu fokussieren, welche die Wunschkunden enthält. Die Targetingmöglichkeiten unterscheiden sich dabei je nach Anzahl der Kunden.
- Beim One-to-One Marketing geht es beispielsweise darum, nur noch einzelne und vielversprechende Kunden mithilfe von individuellen Angeboten und persönlicher Kommunikation zu bedienen.
- Multitargeting: Man wählt viele verschiedene Segmente aus, die man bedienen möchte.

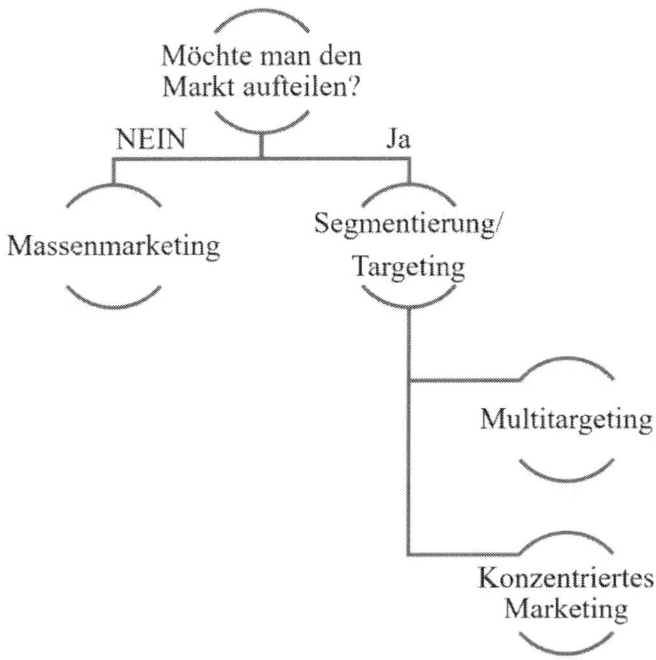

Abbildung 24: Übersicht Segmentierung & Targeting, eigene Darstellung

Man sollte aber nie vergessen, dass nicht jeder Kunde ein individuelles Produktangebot möchte. Besitzen die Kunden ein geringes Produktinteresse und möchten schnelle Kaufentscheidungen treffen, die mit geringen Ansprüchen verbunden sind, ist ein Massenprodukt eventuell die bessere Alternative.

Video 9: Segmentierung & Targeting

Die konkurrenzgerichtete Wettbewerbsstrategie

Die bisherigen Marketingstrategien beziehen sich ausschließlich auf eine kundenorientierte Sichtweise, doch auch der Wettbewerb spielt eine wichtige Rolle in der Unternehmensumwelt und bei der Festlegung einer Strategie (Porter, 2008).

Das Ziel dieser Strategie ist es herauszuarbeiten, wie man einen Wettbewerbsvorteil erreichen möchte. Bei der Realisierung des Kundenbedürfnisses möchte man sich von der Konkurrenz abgrenzen.

Doch was ist ein Wettbewerbsvorteil überhaupt?

Nimmt ein Kunde das Angebot von einem bestimmten Unternehmen immer wieder in Anspruch, baut er eine Bindung bzw. Präferenz auf. Obwohl auf dem Markt vergleichbare Angebote zu finden wären, bleibt er dem bisherigen Unternehmen treu. Dieser Wettbewerbsvorteil entsteht also in der Wahrnehmung und durch das Verhalten des Kunden. Es ist die subjektive Sicht des Kunden, die einen solchen Vorteil entstehen lässt (Kotler & et al., 2007).

Dieser Wettbewerbsvorteil sollte: (Scharf & et al., 2012)

- dauerhaft bestehen bleiben.
- stark genug sein.
- die Möglichkeit bieten, ihn zu verteidigen.
- beim Kunden wahrnehmbar sein.

Wie kann man sich nun strategisch gegen andere Unternehmen positionieren? (Scharf & et al., 2012)

1) Konfliktstrategie: Ein direkter Vergleich mit dem Wettbewerb wird angestrebt, z.B. über Qualitäts- und Preisvergleiche in der Werbung.
2) Anpassungsstrategie: Eine defensive Verhaltensweise, bei der das Verhalten nur an den Aktionen der Konkurrenz angepasst wird.
3) Kooperationsstrategie: Ein Zusammenschluss mit der Konkurrenz mit dem Ziel große Investitionen zu stemmen oder Synergieeffekte zu nutzen.
4) Ausweichstrategie: Der Markt wird tiefgreifend analysiert und auf Chancen und Risiken geprüft. Mithilfe der Marktfeldstrategien wird geprüft, ob ein Ausweichen auf andere Märkte mit weniger Konkurrenz Sinn macht und möglich ist.

Die Auswahl der Strategien ist unter anderem von der Stellung des Unternehmens am Markt und von der Stellung des Unternehmens innerhalb des Wettbewerbs abhängig. Ein Marktführer muss anders vorgehen als ein Verfolger: (Kotler & et al., 2007)

- Marktführer: Sollte aktiv handeln, um seine Position zu halten und auszubauen.
- Marktverfolger: Beobachtet den Marktführer und wartet eine Reaktion des Marktes ab. Fehler werden genutzt, um die eigene Position zu verbessern. Chancen müssen frühzeitig erkannt und ergriffen werden.

- Markt-Nischen-Anbieter: Kann schnelle und flexible Lösungen auf dringende Probleme der Kunden oder Gesellschaft anbieten. Der Nischenanbieter ist fähig, sich schnell zu wandeln (Ausweichstrategie). Sollte aber aufgrund seiner geringen Unternehmensgröße nicht den gesamten Markt angreifen (Segmentierung).

Video 10: Die Wettbewerbsstrategie

Die Grundlagen der Markenführung

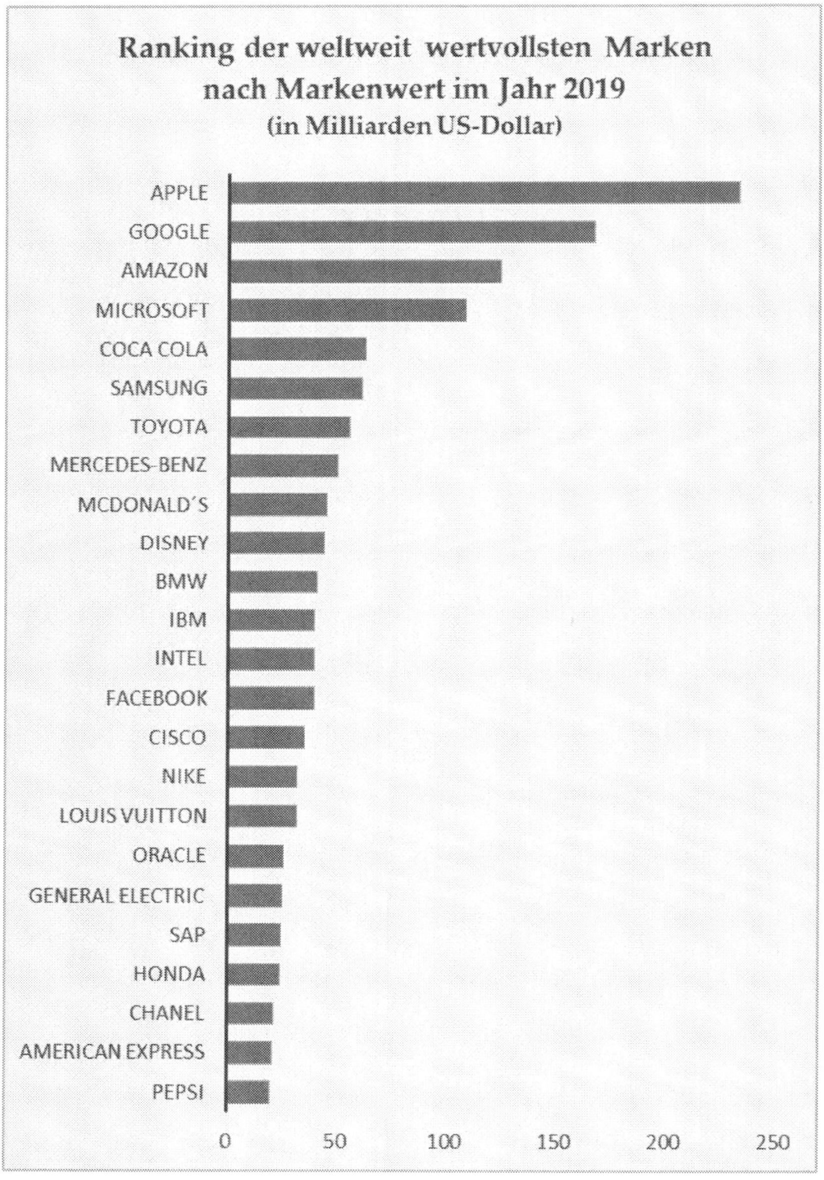

Abbildung 25: Die wertvollsten Marken 2019, eigene Darstellung, Quelle: (Kantar Millward Brown, 2019)

Was genau macht diese bekannten Marken so einzigartig? Warum sind Marken so wertvoll? Und was für konkrete Maßnahmen können unternommen werden, um eine Marke aufzubauen? Für diese und viele weitere Fragen, die in diesem Buch beantwortet werden, benötigt man die Grundlagen der Markenführung.

Doch was ist eine Marke überhaupt? Marken sind Vorstellungsbilder in den Köpfen der Kunden. (Esch F.-R., 2003) Diese Vorstellungsbilder sind mit verschiedenen Funktionen verknüpft, welche die Marke für die Kunden und die Unternehmen besitzt. Probieren Sie es doch selbst einmal aus und schauen Sie sich noch einmal die erfolgreichsten Marken an. Welche Assoziationen kommen Ihnen beim Lesen des Markennamens in den Kopf?

Es sind nicht die funktionalen Eigenschaften und Assoziationen, die eine erfolgreiche Marke ausmachen. Man muss die Gefühle und Erlebnisse des Kunden betrachten. Starke Marken sind in einem hohen Maße auf der Gefühlsebene in den Köpfen der Kunden verankert. (Esch F.-R., 2003) Im Mittelpunkt stehen also die emotionalen Einflüsse, die Marken auf die Wahrnehmung und Präferenzen der Konsumenten besitzen.

Grundsätzlich dienen Marken (wie alle Marketingaktivitäten) dazu, in die Wertformel des Marketings einzugreifen. Es geht grundsätzlich darum, dass der Nutzen den Schmerz einer Transaktion übersteigen muss. Der Kunde kauft ein Produkt oder nimmt eine Dienstleistung in Anspruch, wenn er für den Nutzen, den er durch den Kauf oder Konsum bekommt, einen fairen Wert bezahlt. Hierbei spielen auch Marken eine wichtige Rolle, denn Nutzen und Schmerz werden nicht nur durch objektive Eigenschaften bestimmt, sondern ergeben sich aus vielen subjektiven Eigenschaften, darunter auch die Marke.

Die Marke hat also einen direkten Einfluss auf den empfundenen Wert des Produkts und spielt somit eine sehr wichtige Rolle im Marketing und bei der Kaufentscheidung des Kunden.

Die Funktionen von Marken

Die eben beschriebene Funktion ist zwar die wichtigste, aber es gibt noch viele weitere Funktionen, die sich in Funktionen für Unternehmen und Kunden aufteilen lassen. (Burmann, Meffert, & Koers, 2005 sowie Scharf, Schubert, & Hehn, 2012)

Die Markenfunktionen für Kunden sind:

- Orientierungshilfe: Das Logo, der Name und das Verpackungsdesign (siehe Branding) helfen ein Produkt schnell zu erkennen. Aus dem Produktangebot gleichartiger Produkte kann eine bestimmte Marke schnell erkannt werden.
- Entlastungsfunktion: Nutzt der Kunde die Marke als Schlüsselinformation, kann er seine Kaufentscheidung vereinfachen und schneller treffen.
- Vertrauensfunktion: Die Kunden vertrauen Unternehmen und deren Marken. Wird eine Marke über Jahre hinweg konsumiert, kann der Konsument ausführliche Erfahrungen sammeln und darüber Vertrauen aufbauen.
- Identifikationsfunktion: Menschen nutzen Produkte, um ihr Selbstbild zu verbessern. Die gekaufte Marke soll etwas über den Kunden aussagen. Bestimmte Marken stehen beispielsweise für Exklusivität und Prestige.

- Qualitätsfunktion: Marken stehen für qualitative Mindestanforderungen, andernfalls handelt es sich um ein No-Name Produkt. Marken werden oft benutzt, wenn es um qualitativ hochwertige Produkte handelt, um diese Qualität mit ihnen in Verbindung zu bringen. Marken stehen also für ein gewisses Maß an Sicherheit beim Einkauf.
- Belohnungsfunktion: Kunden können sich durch den Kauf bestimmter Marken belohnen.

Wie stark diese Markenfunktionen einen Einfluss auf die Wahrnehmung des Kunden haben, zeigt folgendes Experiment: „Die Produkte verschiedener Marken können sich auch dann objektiv voneinander unterscheiden, wenn der Unterschied ohne Kenntnis der Marke nicht feststellbar ist (z. B. Allison & Uhl, 1964). Diese Überlegung wird auch durch die neurologische Forschung untermauert: So bevorzugen Konsumenten zwar im Blindtest Pepsi vor Coca-Cola, diese Präferenz kehrt sich aber um, wenn die Marke sichtbar ist.

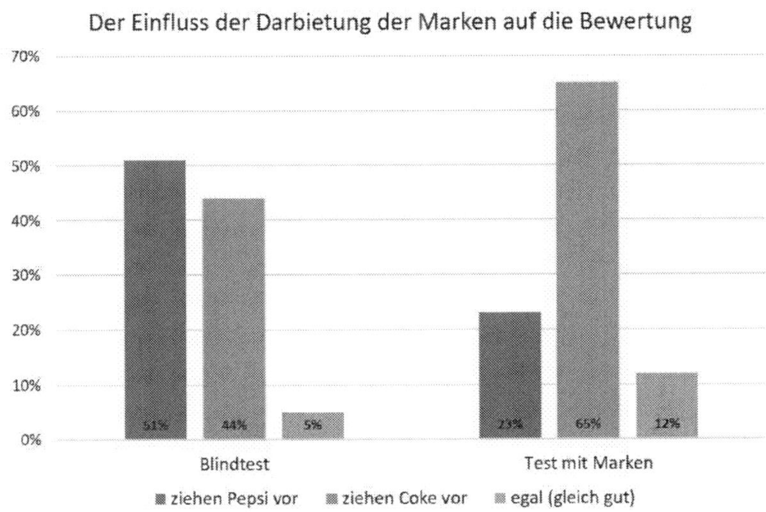

Abbildung 26: Vergleich Pepsi vs. Coca-Cola, eigene Darstellung, Quelle: (de Chernatony & McDonald, 1998 & vgl. Esch, 2003, S. 10)

Nun zeigen aber zum Beispiel (McClure et al., 2004), dass sich die neuronalen Erregungsmuster, die den Konsum von Coca-Cola mit und ohne Markenkenntnis begleiten, wesentlich unterscheiden. Dies könnte dafürsprechen, dass in der Tat durch das Wissen um die Marke und damit durch die Aktivation des Erlebniswerts ein objektiv anderes Produkterleben erzeugt wird." (Felser, 2015, S.13)

Die Markenfunktionen für das Unternehmen: (Scharf et al., 2012)

- Bindungsfunktion: Kunden bevorzugen bestimmte Marken und kaufen dann immer wieder diese Marke. Dieser Kaufprozess vereinfacht die Kundenbindung.
- Positionierungsfunktion: Marken helfen dem Unternehmen dabei, sich gegenüber dem Wettbewerb abzugrenzen.
- Unternehmenswertsteigerung: Für den Wert eines Unternehmens sind seine Marken unerlässlich. Bei börsennotierten Unternehmen taucht der Markenwert sogar teilweise in der Bilanz auf.
- Preispolitikfunktion: Durch die Qualitäts- und Vertrauensfunktion der Marken können für Markenprodukte höhere Preise festgelegt werden.
- Segmentierungsfunktion: Für jedes Segment können unterschiedliche Vorstellungsbilder verwendet werden. Ähnliche Produkte können mithilfe von Marken unterschiedlich positioniert werden.
- Produktpolitikfunktion: Produktinnovationen können in die Marke integriert werden. Die Marke ist kein starres Konstrukt, sondern kann angepasst und verändert werden.

Für den Kunden	Für das Unternehmen
Orientierungsfunktion	Kundenbindung
Entlastungsfunktion	Preispolitikfunktion
Vertrauensfunktion	Produktpolitikfunktion
Identifikationsfunktion	Positionierungsfunktion
Qualitätsfunktion	Segmentierungsfunktion
Belohnungsfunktion	Wertsteigerungsfunktion

Abbildung 27: Funktionen von Marken in der Übersicht, eigene Darstellung

Rahmenbedingungen der Markenführung

Die meisten Konsumenten sind nicht an den Produkten oder Marken der Unternehmen interessiert. Es gibt zahlreiche Gründe dafür: (Häusel, Neuromarketing, 2014, S. 82)

- Allein in Deutschland werden über 50.000 Marken aktiv beworben.
- Der Supermarkt führt im Durchschnitt 10.000 Artikel.
- Jedes Jahr kommen 26.000 neue Produkte auf den Markt.
- 500 Millionen Webseiten wollen besucht werden.
- Jährlich gibt es zusätzlich 350.000 Printanzeigen und zwei Millionen Werbespots.

Auch ein Markenmanager hat mit aktuellen Herausforderungen zu kämpfen. Diese Rahmenbedingungen helfen ein ganzheitliches Verständnis von der Theorie zu bekommen.

(Ausführliche Rahmenbedingungen siehe Esch F.-R., 2003, S. 27-55 & Scharf & et al., 2012)

Das Wachstum von Produkt- und Markenangeboten:

Unternehmen müssen ihre Marken für die Konsumenten wahrnehmbar machen. Die Markenstrategie und ihre operative Umsetzung ist wichtig, um die Aufmerksamkeit und Wahrnehmung des Kunden zu gewinnen. Zu einem erhöhten Wettbewerb kommt es durch:

- die Globalisierung der Märkte. Der Wettbewerb wird immer internationaler.
- zunehmende Kundengruppenspezialisierung der Unternehmen. Viele Marktnischen sind bereits bedient.
- den Innovationsdruck der Unternehmen. Unternehmen müssen immer wieder neue Produkte auf den Markt bringen oder bestehende Produkte verändern.
- die Konsumtrends. Produkte werden schneller „out". Der Produktlebenszyklus verkürzt sich dementsprechend.

Die wachsende Bedeutung der Kommunikationspolitik:

Die begrenzte Aufmerksamkeit des Kunden wird mit Marketing oftmals überschritten. Werbemaßnahmen sollten konsistent, über einen längeren Zeitraum und markenkonform durchgeführt werden. Der Kunde nutzt immer mehr unterschiedliche elektronische Medien, die auch für Werbemaßnahmen genutzt werden können. Zusätzlich steigt nicht nur die Anzahl der Werbemedien, sondern auch die Anzahl der Werbemöglichkeiten durch den technischen Fortschritt, z.B. Banner-Werbung im Internet, mobile Werbung, etc.

Informationsüberlastung und -verhalten der Kunden

Die Informationsaufnahme des Kunden ist begrenzt. Er ist nicht in der Lage alle Werbebotschaften, die ihn erreichen, aufzunehmen. Er fühlt sich bei der Produktauswahl überfordert. Der Konsument benutzt dann vermehrt mentale Abkürzungen bei der Entscheidungsfindung und orientiert sich an einfachen Informationen, wie z.B. dem Preis oder der Marke.

Der Kunde ist gegenüber den meisten Produkten und Marken desinteressiert. Diese Kombination aus Informationsüberlastung und Desinteresse des Kunden macht es für den Marketer schwer, die Werbebotschaft zu übermitteln. Die Markenpolitik kann hierbei unterstützen.

„Nach einer Berechnung des Instituts für Konsum- und Verhaltensforschung werden in der Bundesrepublik Deutschland weniger als 2% der durch Massenmedien angebotenen Informationen aufgenommen, der Rest landet unbeachtet auf dem Müll. In der Werbung kann man mit einem Informationsüberschuss von 95% rechnen." (Kroeber-Riel, 2003, S. 90)

Informationsüberlastung in der Bundesrepublik Deutschland

Hörfunk	99,4%
Fernsehen	96,8%
Zeitschriften	94,1%
Zeitungen	91,7%
Werbung	95,0%

Abbildung 28: Informationsüberlastung, eigene Darstellung, Quelle: (Esch F. R., 2003, S. 29)

Markenhomogenität

Es gibt immer größere Qualitätsstandards, wodurch auch die Qualitätsunterschiede sinken. Kunden konsumieren beispielsweise immer mehr hauseigene Marken von Supermarktdiscountern. Der Marktanteil der Handelsmarken am Lebensmittelhandel liegt mittlerweile bei ca. 40 %. (Nielsen, 2019) Auch die Händler beginnen eigene Handelsmarken zu entwickeln. In Testergebnissen schneiden viele Produkte mittlerweile mit „gut" oder „sehr gut" ab. (Stiftung Warentest, 2015) Das Alleinstellungsmerkmal der Qualität nimmt also bei Marken ab.

Segmentierung in der Markenführung

Die Kunden können sich sehr einfach am Preis oder der Marke orientieren, um eine Kaufentscheidung zu treffen. Es handelt sich dabei um sogenannte Schlüsselinformationen. Diese Schlüsselinformationen dienen als Hilfe bei der Kaufentscheidung:

Schlüsselinformationen sind für die Produktbeurteilung besonders wichtig und bündeln mehrere Informationen. (Kroeber-Riel, 2003, S. 284) Sie können einen Hinweis auf die Qualität, den Preis, die Marke, die Exklusivität, Werte und Normen geben. (Neumann, 2013, S. 124)

Aufgrund dieses Kaufverhaltens über Schlüsselinformationen kann man die Kunden in der Markenführung weiter unterteilen in:

- Geduldige Kunden: Sie kaufen ihre Marke erst dann, wenn es ein besonders günstiges Angebot gibt.
- Markentreue Kunden: Sie reagieren fast gar nicht auf Preisveränderungen. Sie bleiben ihrer Marke loyal.

- Ziellose Kunden: Sie kaufen impulsiv ein. Sie lassen sich leicht durch einfache und verfügbare Informationen, z.B. Produktgestaltung am Point-of-Sale, beeinflussen.
- Schnäppchenjäger: Sie sind sehr preissensible Konsumenten ohne besondere Markenpräferenz.

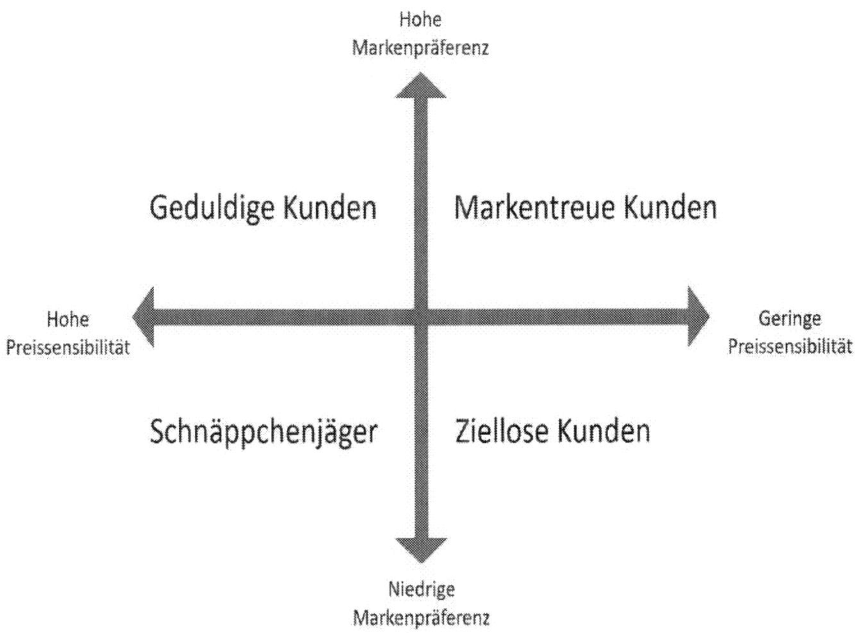

Abbildung 29: Segmentierung nach Marken-/ Preispräferenz, eigene Darstellung, Quelle: vgl. siehe (Meer, 1995)

Die modernen Konsumtrends der Konsumenten

Die verbesserten Lebensumstände der Gesellschaft führen zu einem Umdenken bei den Konsumenten in Richtung Normen, Werte und Moral. Das Erlebnis steht in dem Vordergrund.

Produkte müssen sich in der modernen Konsumgesellschaft nicht mehr nur über den Grundnutzen, sondern auch über den Zusatznutzen differenzieren. Die funktionalen Grundnutzen verlieren an Bedeutung. Die Erlebnisorientierung mit dem Zusatznutzen rückt in den Fokus der Konsumenten. Der Marketer sollte also aktuelle Wertetrends der Gesellschaft im Auge behalten. (Kroeber-Riel, 2003, S. 115 & 124)

Es geht nicht mehr nur um die Befriedigung der eigenen Bedürfnisse. Werte wie Gesundheit, Natur und Nachhaltigkeit sind wichtige Kaufgründe der Konsumenten geworden.

Marken transportieren diese Normen und Werte. Der Konsum sollte durch emotionale Erlebnisse aufgewertet werden.

Video 11: Grundlagen Markenführung

Grundbegriffe der Markenführung

Viele Marketer haben die Begriffe Markenbekanntheit, Markensympathie oder Markenloyalität schon mal gehört. Doch was bedeuten die Begriffe überhaupt und viel wichtiger: In welchem Zusammenhang stehen die Begriffe zueinander?

Die **Markenbekanntheit** ist die Grundvoraussetzung für den Markenerfolg. Ist eine Marke nicht bekannt, wird sie nicht erkannt und es können keine weiteren Markenassoziationen aufgebaut werden. Kennt der Kunde die Marke, können die angesprochenen spezifischen Assoziationen und Vorstellungsbilder aufgebaut werden. (Esch F., 2010) Die Marke ist nachweislich eine sehr wichtige Heuristik (mentale Abkürzung) bei der Auswahl von Produkten. (Felser G. , 2015)

Ist eine Marke dann in der Öffentlichkeit bekannt, bekommen die Kunden ein Bild davon, wofür die Marke steht und welche Werte und Normen des Unternehmens sie verkörpert. Stimmen die Werte und Normen mit denen der Kunde überein, kann eine **Markensympathie** entstehen. Je mehr die Kunden mit den Produkten und der Marke in Kontakt kommen, desto stärker wird die Bindung und dementsprechend auch die Sympathie mit der Marke. (Esch F., 2010)

Werden diese Werte & Normen sowie die Produktansprüche erfüllt, kommt es zur **Markenzufriedenheit**. Die Zufriedenheit hängt nicht nur davon ab, wie die tatsächlichen Leistungen der Marke abschneiden, sondern auch von den Ansprüchen der Kunden. Haben die Kunden hohe Erwartungen an eine Marke, kann es sein, dass die Erwartungen zu hoch sind und nicht erfüllt werden können. Geht man im Leben mit Erwartungen an etwas heran, steigt auch automatisch die Wahrscheinlichkeit enttäuscht zu werden. Enttäuschung tritt immer dann auf, wenn etwas passiert, das nicht der ursprünglichen Erwartung entspricht. Es ist deshalb wichtig dem Kunden die richtige Nutzenversprechung zu geben.

Ein Produkterlebnis, das schlechter ausfällt als erwartet, verringert die Zufriedenheit. Das allein ist noch keine überraschende Erkenntnis. Der negative Effekt der Enttäuschung ist aber größer als der Effekt der positiven Überraschung. Wird ein Produkt besser erlebt als erwartet, hebt das die Zufriedenheit hingegen kaum.

Bei Enttäuschungen wird vermehrt nach den Ursachen gesucht. (Felser G. , 2015, S. 246) Diese Ursachensuche führt zu dem erwähnten negativen Effekt. Man sollte also dafür sorgen, dass die Erwartungen an die Produkte und Marken erfüllt werden.

Werden diese Erwartungen regelmäßig erfüllt, entsteht das **Markenvertrauen**. Der Kunde verlässt sich auf die Marke und das Angebot des Unternehmens: Das kann viele unterschiedliche Aspekte, wie z.B. die Qualität, den Produktionsprozess, die Nachhaltigkeit, einschließen. Das Markenvertrauen hängt dabei mit einer Markenfunktion zusammen: Das Vertrauen reduziert das empfundene Kaufrisiko beim Kunden. (Chaudhuri & Holbrook, 2001)

Kunden können Beziehungen zu ihren Marken aufbauen. Sind diese Beziehungen emotional, spricht man von **Markenbindung**. Der Kunde ist emotional an seine Marke gebunden, was allerdings nicht zwangsweise mit dem Kauf zusammenhängen muss. (Chaudhuri & Holbrook, 2001) Eine Begeisterung für eine Marke kann auch ohne Konsum entstehen: Es gibt viele Fans von Ferrari oder Tesla, obwohl sich nur wenige Markenliebhaber ein solches Auto überhaupt leisten können. (Esch F., 2010)

Die **Markenloyalität** steht hingegen für die Verhaltensdimension des Kaufs. Die Markenloyalität setzt die häufige Nutzung der Marke voraus. Ist die Loyalität hoch, steigt auch die Wahrscheinlichkeit, mit der der Kunde immer wieder zur gleichen Marke greift. Dieser Wiederholungskauf kann unterschiedliche Ursachen haben und muss nichts mit der emotionalen Bindung zu tun haben. (Aaker, Batra, & Myers, 1992 & Esch F., 2010) Vielleicht gibt es einfach keine alternativen Produkte, das Preis- und Leistungsverhältnis ist bei der Marke am besten oder das Sonderangebot ist für den Kunden sehr verlockend.

Verbindet man nun die Verhaltenskomponente (=Markenloyalität) mit der emotionalen Komponente (=Markenbindung), erhält man die echte **Markentreue**.

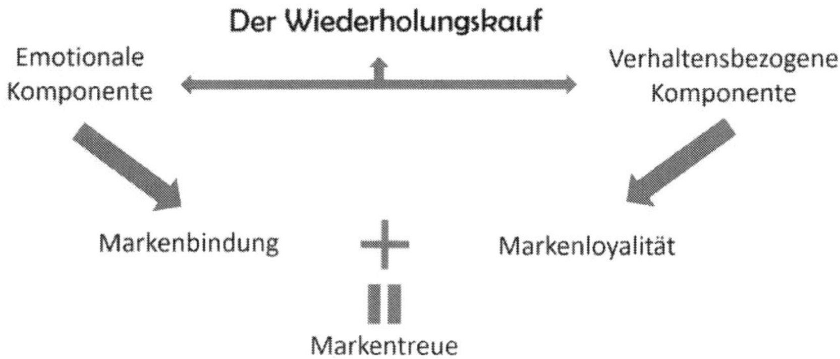

Abbildung 30: Die echte Markentreue, eigene Darstellung

Video 12: Die Grundbegriffe in der Markenpolitik

Ökonomische Aspekte der Markenführung

Aus der ökonomischen Sichtweise sollten alle Markenaktivitäten die Wertsteigerung des Unternehmens fördern. Die finanzorientierte Wirkung, z.B. die Cashflow-Verbesserung, steht dabei im Vordergrund. Eine Marke trägt zu diesen ökonomischen Zielen bei, da (Esch F.-R., 2003) Kunden bereit sind für eine Marke einen Preisaufschlag zu zahlen.

Der Grund dafür liegt in der Kombination der Markengrundbegriffe: Ist ein Kunde emotional an eine Marke gebunden, findet er die Marke sympathisch.

Ist der Kunde mit dem Angebot der Marke zufrieden und bringt der Marke großes Vertrauen entgegen, führen diese Aspekte dazu, dass das Unternehmen einen größeren Handlungsspielraum beim Preis besitzt. Die Nachfrage des Kunden wird nicht sofort bei einem höheren Preis des Angebots sinken. Dieses Phänomen wurde bereits bei den Funktionen von Marken beschrieben.

Sobald die Marke bekannt ist, kommt es zum Erstkauf. Der Kunde sammelt erste Erfahrungen mit der Marke und ist mit dem Angebot eventuell zufrieden. Es stellen sich nach und nach Wiederholungskäufe ein. Diese führen zur angesprochenen verhaltensorientierten und emotionalen Bindung. Der ökonomische Markenwert ergibt sich dann aus den markenspezifischen Umsätzen und Kosten der Marke.

Damit ist nicht der verhaltenswissenschaftliche Markenwert gemeint. Die verhaltenswissenschaftliche Betrachtung ist wesentlich umfassender. Will man den wahren Wert der Marke ermitteln, muss man mehr als nur ökonomische Faktoren betrachten und sollte in den Köpfen der Kunden ansetzen. (Esch F.-R., 2003) Man muss die oben genannten Begriffe Markensympathie, Markenloyalität, Markenvertrauen, Markenbindung, Markenzufriedenheit, etc. beachten und einkalkulieren. Nur aus der Kombination der ökonomischen und verhaltenswissenschaftlichen Sichtweise ergibt sich der wahre Wert einer Marke. (Scharf & et al., 2012)

Der Markenprozess

Ähnlich wie in den Grundlagen der Marketingtheorie gibt es auch in der Markenpolitik eine Übersicht über die operativen Stationen im Markenprozess. Der Marketingplan besteht aus vier Kernkomponenten Analyse, Planung, Durchführung und Kontrolle. und beschreibt somit alle möglichen Aufgaben oder Bereiche im Marketing. (Becker, 2009) Bei optimaler Umsetzung kann er als Leitbild für das gesamte Unternehmen dienen und es damit erfolgreicher machen. Diesen Prozess gibt es nicht nur für die Gesamtbetrachtung im Marketing, sondern auch für die Markenführung.

Abbildung 31: Der Markenprozess, eigene Darstellung, Quelle: (vgl. Scharf & et al., 2012)

Zu Beginn des Markenprozesses schaut man auf die Unternehmenssicht. Was wünscht sich das Unternehmen? Wie möchte das Unternehmen beim Kunden wahrgenommen werden? Auf Basis dieser Fragen werden Werte und Normen formuliert. Dieser Bereich des Markenprozesses wird als Markenidentität bezeichnet.

Anhand dieser Kriterien und dem Soll-Zustand des Unternehmens werden dann u.a. die Markenstrategien entwickelt, bei denen es um konkrete Umsetzungsmaßnahmen geht: Wie kann man die Ziele umsetzen? Wie kann man die Marke und die Produkte gestalten? (Branding) Wie kann man die Marke erweitern?

Zum Schluss schaut man sich an, ob diese Umsetzung erfolgreich war. Das Markenimage beschreibt dann die Sichtweise des Kunden auf das Unternehmen. Der Kunde hat viele Assoziationen mit der Marke aufgebaut, die bestenfalls dem Soll-Image entsprechen.

Das Ziel des gesamten Prozesses und somit der Markenführung wird es sein, dass die Kundensicht (das Ist-Image) mit den Ansichten der Unternehmensführung (Soll-Image) zusammenpasst.

Video 13: Einführung Markenprozess

Die Markenidentität

Die Markenidentität beschreibt die Sichtweise des Unternehmens:

- Wofür soll die Marke stehen?
- Wofür steht das Unternehmen?
- Was sind die Eigenschaften der Marke?
- Welche Assoziationen soll der Kunde aufbauen?

Der Unternehmer oder Markenmanager beschreibt dabei die Wunschvorstellung. Die Identität einer Marke umfasst die essenziellen, wesensprägenden und charakteristischen Merkmale einer Marke, die von den Markenmanagern formuliert werden. (Esch F.-R., 2003 & Aaker D. A., 1996)

Die emotionalen Aspekte des Wiederholungskaufs spielen in der Markenidentität eine besonders große Rolle. Starke Marken sind tief verwurzelte Vorstellungsbilder in den Köpfen der Kunden, die positive Emotionen hervorrufen. (Esch F.-R., 2003)

Der Gesamteindruck der Marke ergibt sich nicht nur aus der Summe der einzelnen Assoziationen, sondern aus der Gesamtheit aller Eindrücke und Assoziationen, die der Kunde mit der Marke aufgebaut hat. Der Gesamteindruck ist mehr als die Summe seiner Einzelteile. (Felser, 2015)

Das Markensteuerrad

Bei der Beschreibung und Suche nach einer passenden Markenidentität kann der Markenmanager das Markensteuerrad verwenden, das von Icon brand navigation entwickelt und von Esch fortgeführt wurde. (Esch F.-R., 2003) Das Markensteuerrad besteht aus fünf Teilbereichen: Dem Markenkern, Markennutzen, den Markenattributen, Markentonalität und dem Markenbild.

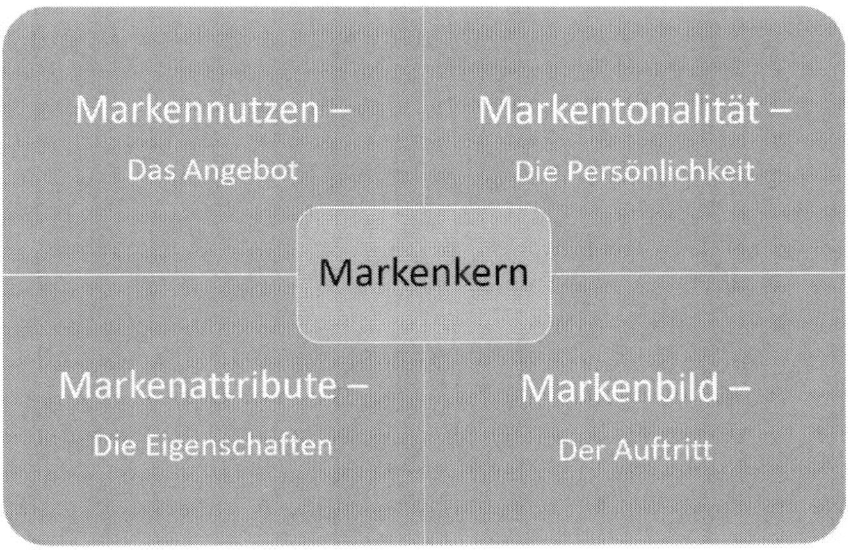

Abbildung 32: Das Markensteuerrad, eigene Darstellung, Quelle: (vgl. Esch, 2012, S. 102)

Grundsätzlich lässt sich das Markensteuerrad einteilen in harte und weiche Faktoren. Auf der linken Seite befinden sich die harten Fakten und Eigenschaften, die sich objektiv beschreiben und erfassen lassen. Auf der rechten Seite sind dann die weichen Faktoren, die sehr subjektiv und emotionsgeladen sind. (Esch F. R., 2003)

1. Der Markenkern

Was macht die Marke aus? Warum gibt es die Marke? Der Markenkern sollte kurz und knapp in wenigen Worten oder Sätzen erklärbar sein.

Dazu gehört unter anderem die Geschichte der Marke, ihre Herkunft, Kompetenz und die zentrale Aussage über die Marke. (Scharf & et al., 2012)

Beispiel: Das Unternehmen Bionade bietet Erfrischungsgetränke an. Der Markenkern besteht aus:

- der Markengeschichte: Bionade ist seit 1960 am Markt aktiv.
- der Herkunft der Marke: Made in Germany
- dem zentralen Markenasset: patentierte Herstellungsverfahren (Bionade, 2019)
- der Rolle am Markt: 6,3% Marktanteil am Limonadenmarkt in Deutschland 2009 (Nielsen, 2009)

2. Der Markennutzen

Aus der Produktpolitik im Marketing ist bereits die Einteilung des Gesamtnutzens in Grund- und Zusatznutzen bekannt. (Mittelstaedt, 2019)

Der Grundnutzen ist bei vielen Produkten gleich und kann durch die Markenführung kaum verändert werden. Vor allem auf den besonders wichtigen Zusatznutzen hat die Marke mit ihren Vorstellungsbildern und (emotionalen) Assoziationen einen Einfluss und kann damit einen Wettbewerbsvorteil erschaffen. (Scharf & et al., 2012)

Beispiel: Jedes Auto bringt einen Fahrer von A nach B. Ein wichtiges Differenzierungsmerkmal ist dabei die Marke des Autos, da viele Kunden mit bestimmten Automarken bestimmte Nutzenversprechen verbinden. Eine bestimmte Marke steht vielleicht für mehr Sicherheit und Komfort, eine andere wiederum für Fahrspaß und Geschwindigkeit. So können Kundenpräferenzen entstehen. Jeder Kunde bevorzugt die Automarke, die seinen Werten und Normen entspricht.

Das Nutzenversprechen für den Kunden kann man dabei, ähnlich wie in der Produktpolitik, in unterschiedliche Kriterien einordnen: Der Nutzen der Marke kann funktional, sozial oder emotional sein. (Mittelstaedt, 2019)

Beispiel: Die Marke Bionade zeichnet sich durch ihre regionale und nachhaltige Produktion aus (psychosozialer Zusatznutzen). Die Erfrischungsgetränke sollen dank dem beworbenen Reinheitsgebot besonders gesund sein, den Durst stillen und erfrischend schmecken. (funktionaler Zusatznutzen)

3. Die Markenattribute

Um Vertrauen beim Kunden herzustellen müssen die Markenattribute dafür sorgen, dass der Kunde dem Angebot des Unternehmens glaubt. Die Attribute sind der Beweis, warum der Kunde den Nutzenversprechen des Unternehmens glauben sollte. (Scharf & et al., 2012) Die Kunden sehen dabei ein Produkt als ein Gesamtpaket an nutzenstiftenden Eigenschaften: „Die Leute wollen keinen Viertelzoll-Bohrer kaufen, sie wollen ein Viertelzoll-Loch." – Theodore Levitt. (Christensen, 2003, S. 99)

Die Attribute sind dafür da den Nutzen zu untermauern und zu beweisen. Diese Attribute können sich auf das gesamte Unternehmen, die Produkte oder die Marke beziehen.

Beispiel: Bei Bionade gibt es die Unternehmens- und Produkteigenschaften, die Vertrauen beim Kunden in die Qualität der Getränke aufbauen sollen:

- die Familientradition,
- der Slogan „Made in Germany“,
- das regionale soziale Engagement,
- die produktbezogenen Eigenschaften, z.B. die speziellen Geschmackssorten oder der Fermentationsprozess.

4. Die Markentonalität (Markenpersönlichkeit)

Die Markentonalität steht für die Persönlichkeit einer Marke. Marken können mit Persönlichkeitseigenschaften des Menschen beschrieben werden. Aaker J. L., 2001) Die Markentonalität bestimmt die Gefühle und Emotionen, die beim Konsumenten ausgelöst werden.

Wie bereits bei den Funktionen der Marke beschrieben, ist eine Marke für den Konsumenten ein Identifizierungsobjekt. Der Kunde erkennt sich wieder und kann sein Selbstbild, seine eigenen Einstellungen und Persönlichkeitsmerkmale mit der Marke zum Ausdruck bringen.

Hier schließt sich der Kreis in Bezug auf den Zusatznutzen: Die emotionalen und sozialen Zusatznutzen unterstützen das Selbstbild der Marke und helfen, dass der Kunde eine Beziehung zur Marke aufbaut.

Beispiel: Die Beziehung zur Marke Bionade wurde in einer eigenen, nicht repräsentativen und unveröffentlichten Umfrage beispielsweise als flüchtige Bekanntschaft (x5) oder guter Kumpel (x4) beschrieben. Des Weiteren wurde die Marke Bionade mit einigen Persönlichkeitseigenschaften in Verbindung gebracht:

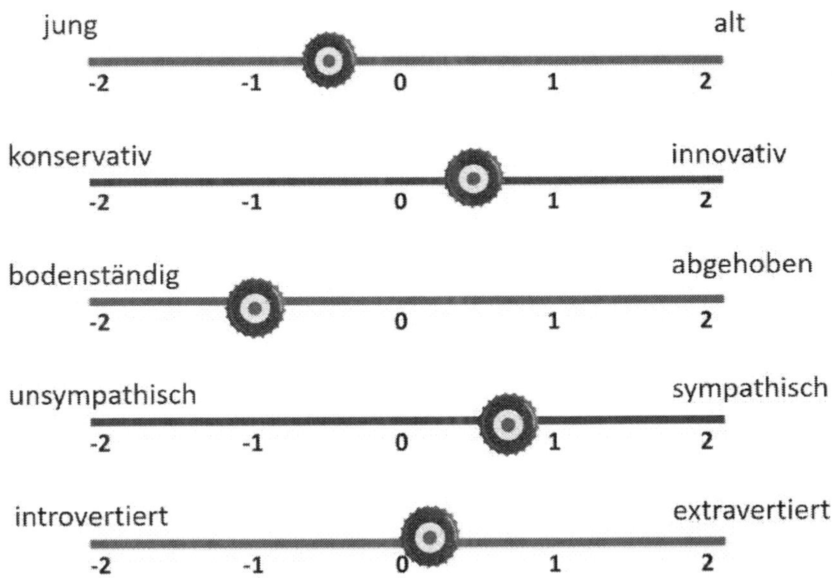

Abbildung 33: Persönlichkeitseigenschaften der Marke Bionade; eigene, nicht repräsentative und unveröffentlichte Umfrage. Das Logo wurde freundlicherweise zur Verfügung gestellt von Bionade GmbH.

Als Nächstes kann der Markenmanager versuchen über das Motivsystem des Konsumenten passende Markenbilder aufzubauen.

Das Motivsystem

Bei der Anwendung des Motivsystems geht es um die Verknüpfung der Wirtschaftspsychologie mit der Markenführung. Das menschliche Motivsystem und die Informationsverarbeitung spielen bei (Kauf)Entscheidungen eine wichtige Rolle.

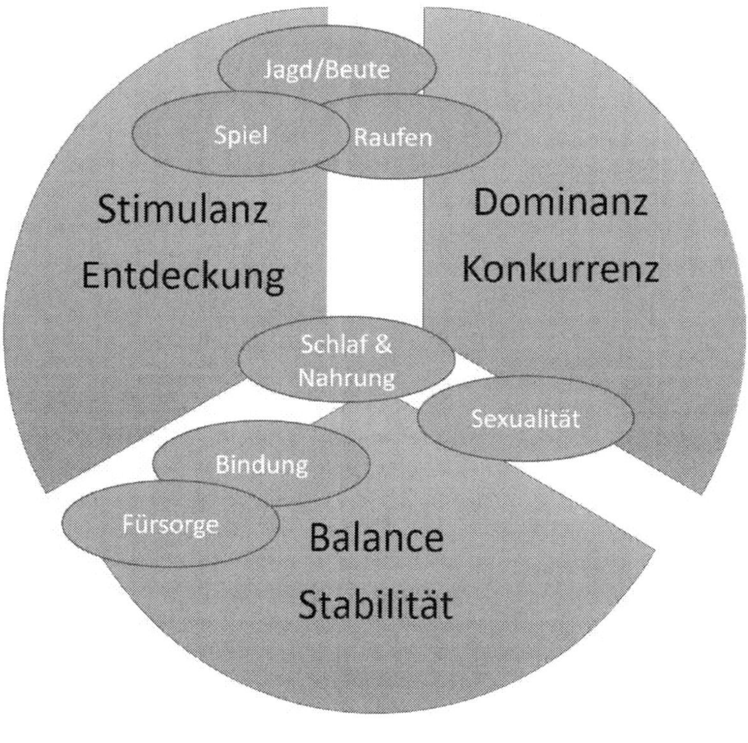

Abbildung 34: Das Motivsystem von Häusel, 2007, eigene Darstellung

Bei Motiven handelt es sich um die oftmals unterbewusste Ursache einer Handlung. Menschen sind motiviert verschiedene Bedürfnisse zu befriedigen. Diese Motivationen können als Motive bezeichnet werden. (Scharf & et al., 2012)

Es gibt verschiedene Modelle diese verschiedenen Motive übersichtlich darzustellen und zu beschreiben:

Die Grundidee ist, dass der Mensch immer versuchen wird sich selbst und seine Spezies am Leben zu halten. Das Überleben kann also als stärkstes menschliches Motiv bezeichnet werde.

Eine weitere Möglichkeit besteht in der dualen Teilung der Motive. Hierbei wird unterschieden, ob die Motive in Zusammenhang mit Lust oder Schmerz stehen. Der Mensch möchte von etwas weg (Ablehnung) oder zu etwas hin (Zuwendung). Grundsätzlich möchte der Kunde also Schmerz vermeiden und Lust gewinnen, was auch ein Grundsatz in der Wertformel des Marketings ist.

Die dritte und umfassendste Möglichkeit, um Motive zu beschreiben, besteht in der LimbicMap von Hans-Georg Häusel, die einen ganzen Motivraum mit verschiedenen Dimensionen beschreibt.

Die Dimensionen bestehen aus Balance, Stimulanz und Dominanz. Aus diesen drei Motiven ergeben sich noch Kombinationen: Balance + Stimulation = Genuss, Balance + Dominanz = Disziplin, Dominanz + Stimulation = Abenteuer. (Häusel, 2007)

Warum ist diese Theorie für das Marketing relevant?

Kunden gehen nicht einkaufen, um ein Produkt zu kaufen. Sie möchten ein Bedürfnis befriedigen, hinter dem ein passendes Motiv steht. Jede Kaufentscheidung ist auch motivgesteuert. Kennt man die Motive des Kunden und kann diese Erwartungen bedienen, entsteht ein Mehrwert, der die Kaufwahrscheinlichkeit erhöhen kann. Man sollte also den Markenprozess (und insbesondere die Markenattribute) an der Zielgruppe orientieren und deren Motive ansprechen.

Kein explizites bewusstes Ziel (z.B. Autokauf) kommt ohne ein implizites Ziel (z.B. Fahrspaß) aus. Kauft man ein Deo, möchte man, aus der Vernunft heraus begründet, nur gut riechen und Schweißbildung verhindern (explizit). Unterbewusst und aus dem Motivsystem heraus möchte der Kunde aber vielleicht mehr Selbstbewusstsein aufbauen (implizit).

Die Ansprache der richtigen Motive geschieht mit sogenannten Codes (Signalen). Codes sind Symbole, Signale oder andere Sinneswahrnehmungen, die die Verbindung zwischen der Marke und den Motiven des Kunden herstellen. Die Codes laden die Marke oder das Produkt mit relevanten bewussten und unbewussten Bedeutungen auf und erhöhen somit den Wert des Produkts. (Scharf & et al., 2012)

Viele Kaufentscheidungen werden zum Beispiel erst am Point-of-Sale (Verkaufsstand) entschieden. Hier kann die Produktgestaltung einen großen Teil der eigentlichen Kaufentscheidung ausmachen. Sensorische Signale sind ein Teil solcher Codes: Die Farbe, der Geruch, der Sound oder die Haptik des Produkts können bestimmte Motive ansprechen. Ein Beispiel wäre die Farbe schwarz, welche mit edler und hochwertiger Qualität assoziiert wird. (Hartmann & Haupt, 2016)

Hat man also ein hochpreisiges Produkt und möchte beispielsweise das Genuss-Motiv der Zielgruppe ansprechen, so empfiehlt es sich die schwarze Farbe zu benutzen. Das ist nur eine von unzähligen Möglichkeiten die Marke mithilfe der Wirtschaftspsychologie besser zu gestalten.

Abbildung 35: Einsatz von Schwarz für Premiumprodukte (Scheier, Bayas-Linke, & Schneider, 2011, S. 54-55), eigene Darstellung.

Tipp: Für den Kunden ist selten das eigentliche Produkt mit dem Grundnutzen der Kaufgrund, sondern die dahinterliegenden Motive spielen eine bedeutendere Rolle. Ist der eigentliche Kaufgrund für den Konsumenten seinen Status (Dominanzmotiv) zu zeigen? Oder vielleicht eher die Umwelt zu schützen (Balancemotiv)? Welches Motiv ist für die Zielgruppe besonders wichtig?

Die Motive können über das Markenbild angesprochen und aktiviert werden. Somit sind das Motivsystem und das Markenbild miteinander verbunden.

5. Das Markenbild

Das Markenbild formuliert klare Gestaltungsregeln für die Marke. Dieser Teilbereich besteht aus drei Komponenten: Dem Logo, dem Namen und dem Verpackungs- oder Produktdesign. Diese Komponenten sind auch beim sogenannten „Branding" sehr wichtig, das in einem weiteren Kapitel erklärt wird.

Die Sinne des menschlichen Körpers spielen bei der Wahrnehmung der Marke eine Rolle: Farben, Geräusche, Geschmäcker, Gerüche und der Tastsinn führen zu einer multisensorischen Wahrnehmung der Marke. Das Markenbild führt über eine konsistente Gestaltung u.a. zur Wiedererkennung und Bekanntheit der Marke. (Esch F., 2010)

Beispiel: Das Markenbild der Marke Bionade ist geprägt durch das wiedererkennbare Flaschendesign, das Logo, den Namen und den natürlichen, wenig süßen Geschmack.

Tipp: Gerade im Markensteuerrad ist erkennbar, wie wichtig die Zusammenhänge in der Markenführung sind. Die einzelnen Bereiche des Markensteuerrads beeinflussen sich gegenseitig. Die Markenattribute dienen als „Beweismittel" für den Nutzen der Marke. Der Kunde sieht vor allem die nutzenstiftenden Eigenschaften des Produkts im Verkaufsgespräch können die Markenattribute jedoch ebenfalls wichtig sein, da sie wichtige Argumente sind, um den Kunden vom Produkt zu überzeugen und ihn somit zum Kauf zu bewegen.

Die Markenpersönlichkeit unterstützt den Markenmanager dabei emotionale Zusatznutzen aufzubauen. Zu guter Letzt kann man die Markenattribute multisensorisch im Markenbild umsetzen.

Das Motivsystem spielt bei der Umsetzung der Markenpersönlichkeit in das Markenbild eine große Rolle, da es die Markenpersönlichkeit beim Kunden spürbar und erlebbar macht. Somit schließt sich auch der Kreis wieder zum Markensteuerrad.

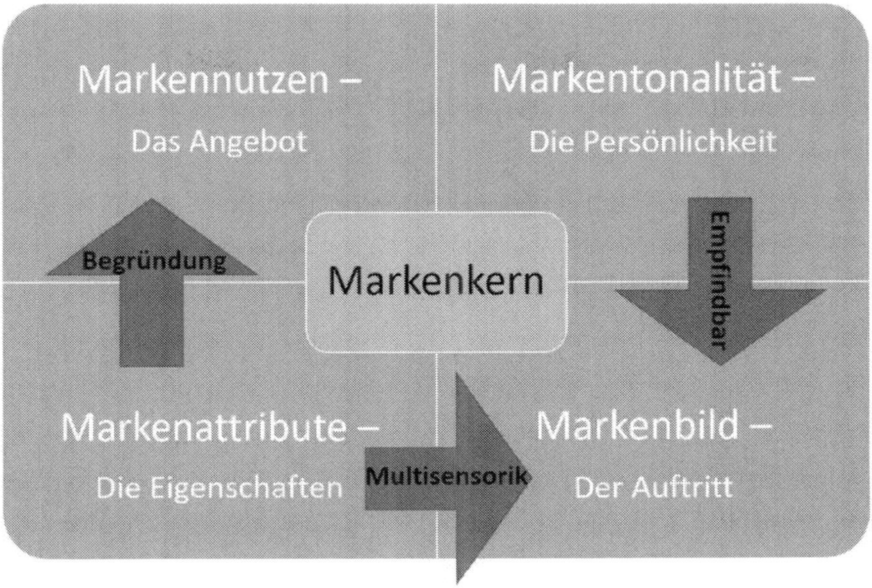

Abbildung 36: Zusammenhänge im Markensteuerrad, eigene Darstellung

Video 14: Das Markensteuerrad

Die Umsetzungsphase in der Markenpolitik

Die Umsetzungsphase baut auf der Markenidentität auf. In dieser Phase wird versucht, die Vorgaben des Markensteuerrads umzusetzen. Das Ziel soll darin bestehen die Markenidentität (Soll) über die richtige Auswahl der Strategien mit dem Markenimage (Ist) in Übereinstimmung zu bringen. Auch diese Umsetzungsphase beinhaltet operative Maßnahmen: Wie kann man die Marken im alltäglichen Geschäft verwalten? Auch hier geht es darum einzigartige, relevante und schnell zugriffsfähige Markenassoziationen und Vorstellungsbilder beim Verbraucher aufzubauen. Zu dieser Phase gehören die Markenpositionierung, die Markensysteme und die Markenstrategien.

Die Markenpositionierung

Die Markenpositionierung sollte sich auf die Merkmale fokussieren, die dabei helfen die Kunden richtig anzusprechen und die Marke von anderen vergleichbaren Marken abzugrenzen. (Scharf & et al., 2012) Diese Merkmale müssen den Bedürfnissen des Kunden entsprechen. Dabei ist es sinnvoll sich auf wenige relevante Merkmale, die für die Marke stehen sollen, zu konzentrieren. Die Positionierung soll die Stellung einer Marke im relevanten Markt aktiv gestalten.

Diese Stellung oder Position im Markt ist immer relativ zu sehen. Relativ zu der Konkurrenz, zu bestimmten Merkmalen oder zu den Vorstellungsbildern in den Köpfen der Kunden.

Mit klaren Positionierungen verbinden Kunden klare Bilder und Assoziationen. (Scharf & et al., 2012) Damit ist eine erfolgreiche Umsetzung der Positionierung teilweise von der subjektiven Sichtweise des Kunden abhängig.

Eine dieser subjektiven Variablen heißt Involvement: Es beschreibt, wie sehr sich ein Kunde für die Marke interessiert und wie tiefgreifend er sich mit den Informationen der Marke beschäftigt. (Felser, 2015)

Kroeber-Riel beschreibt das Involvement als: „innere Beteiligung, das Engagement, mit dem sich die Konsumenten der Kommunikation zuwenden." Und als: „Ich-Beteiligung oder das Engagement, das mit einem Verhalten verbunden ist, zum Beispiel die innere Beteiligung, mit der jemand eine Kaufentscheidung fällt." (Kroeber-Riel, 2003, S. 92 & 175) Die große Mehrheit der Konsumenten (ca. 90%) besitzt ein geringes Involvement. (Lachmann, 2002, S. 46)

Bei einem hohen Involvement besitzt der Kunde ein hohes Informationsinteresse. Der Kunde ist bereit einen relativ hohen Aufwand in Kauf zu nehmen, um mehr über die Produkte und die Marke zu erfahren. Hierbei spielen das Markenvertrauen und die Markensympathie eine große Rolle. Bei einem niedrigen Involvement hingegen wird er sich kaum noch für die Werbebotschaft und das Markenversprechen interessieren. Dann ist es notwendig, den Kunden am Verkaufsstand oder in der Werbung zu aktivieren (Call-to-Action) und ihn zum Kauf zu animieren. (Esch F., 2003) Eine aktivierende Werbung würde zumindest die Markenbekanntheit beim Kunden erhöhen.

Wie genau sieht nun eine solche Markenpositionierung aus?

Die Markenstrategien sollen helfen die Sollvorgaben aus der Markenidentität wirksam umzusetzen. Diese Umsetzung kann mithilfe eines Positionierungsmodells visualisiert werden, wobei die individuelle Kundensicht auf das Unternehmen und der Vergleich zum Wettbewerb relevant sind. Die Achsen des Positionierungsmodells können vielseitig beschriftet sein. Jedes Unternehmen steht dabei für ganz bestimmte Grund- oder Zusatznutzen und positioniert sich dementsprechend.

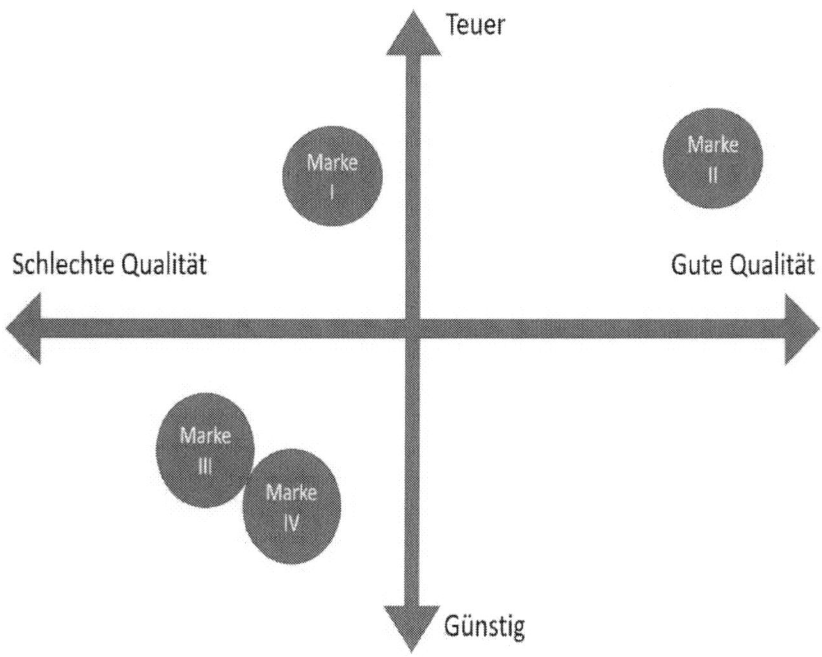

Abbildung 37: Das Positionierungsmodell, eigene Darstellung, Quelle: vgl. Trommsdorff, 1992 & Kroeber-Riel, 1992 & Esch F.-R., 2003

Aus diesen Positionierungsmodellen leiten sich vier Strategien für den Marketer ab: (von Rosenstiel & Kirsch, 1996, S. 177-178)

- Besondere Merkmale des Produkts sollten in der Werbung hervorgehoben werden.
- Diese Besonderheiten müssen für den Kunden wahrnehmbar und relevant sein.
- Das Produktangebot sollte sich vom Angebot der Konkurrenz abheben.
- Der Marketer sollte eine klare und langfristige Markenstrategie verfolgen.

Das Produkt sollte unverwechselbar sein und sich von der Konkurrenz abheben. Die USP (Unique Selling Proposition) sollte klar und deutlich beim Kunden kommuniziert werden. Das Produkt sollte in einer erfolgreichen Nische positioniert und über Emotionen positiv aufgeladen werden. (Neumann, 2013, S. 188)

Wichtig ist, dass man als Unternehmen mit seiner Marke einen Bereich des relevanten Markts abdeckt, der bestenfalls nur von einem selbst eingenommen wird. Man steht also für ein einzigartiges Merkmal, das sonst keine andere Marke besitzt:

Bei der Positionierung geht es darum, einen bereits beschriebenen Burggraben gegenüber dem Wettbewerb auszuheben. Der Kunde soll genau wissen, wofür das Unternehmen steht und warum er die Produkte kauft.

Beispiel: Ein positives Beispiel ist die Marke Apple. Diese Marke hat es geschafft einzigartige Assoziationen aufzubauen und einen Bereich im Markt abzudecken, der hauptsächlich ihnen gehört (Luxus-Smartphones). Zudem verbindet man mit dem Namen, Logo und den Produkten der Firma Apple starke Assoziationen. Denken Sie doch einmal kurz an das Logo von Apple. Ihnen werden sofort einige Assoziationen und Vorstellungsbilder einfallen, z.B. Kreativität, Gruppenzugehörigkeit, Qualität oder Design.

Leider gibt es aber auch genügend austauschbare Marken: Bei den einigen Produkten aus dem Modebereich kann man beliebig die Marke austauschen, ohne dass man einen Unterschied erkennen würde.

Umsetzungstipps für die Positionierung sind: (Esch F.-R., 2003)

- Die subjektive Kundensicht ist im Auge zu behalten.
- Die Positionierung muss mit den anderen Markenstrategien und der Markenidentität kongruent sein.
- Die Positionierung sollte die Marke vom Wettbewerb differenzieren.
- Markenstrategien sind langfristige Entscheidungen, daher sollte auch die Umsetzung über einen längeren Zeitraum erfolgen.
- Man sollte einen für sich passenden Burggraben ausheben und eine Nische finden. (siehe Positionierungsmodell)

Zusätzlich ist es wichtig, dass man sich auf wenige relevante Merkmale konzentriert:

Der Markenprozess mit der Positionierung als Teilbereich soll ein Leitbild für das gesamte Unternehmen sein. Wie soll ein Leitbild formuliert werden, wenn die Markenpositionierung und somit die Marke für viele unterschiedliche Aspekte und Eigenschaften steht?

Nur mit wenigen relevanten Merkmalen kann eine eindeutige Richtlinie erstellt werden. Mit vielen Positionierungen hat das Unternehmen auch gleichzeitig mehr Mitbewerber. (Esch F.-R., 2003) Einige Merkmale nicht aktiv zu bewerben und sich auf wenige Merkmale zu konzentrieren, bedeutet noch lange nicht, dass die nicht beworbenen Eigenschaft nicht vorhanden wären.

Viele Unternehmen beanspruchen ähnliche Merkmale und wollen vergleichbare Assoziationen in den Köpfen der Kunden aufbauen. Dadurch ist der Marketingwettbewerb intensiver und kostenaufwendiger. Wichtig ist, dass die Marke für klare Bilder steht und nicht sehr verschwimmt, weil sie für zu viele verschiedene Eigenschaften steht. Die Kommunikationspolitik sollte kongruent mit dem Branding und der Positionierung zusammenarbeiten.

Solch ein Zusammenspiel zwischen Branding, Positionierung und Kommunikationspolitik wird auch als Markenfit bezeichnet. (Esch F., 2003)

Video 15: Die Markenpositionierung

Die Markensysteme

Die Markensysteme beschäftigen sich vorrangig mit einer Frage: Wie viele unterschiedliche Produkte sollen unter einem Markendach angeboten werden? Dabei kann man unterschiedliche strategische Entscheidungen für eine enge, mittlere und breite Zuordnung von Produkten zu Marken treffen. Die Markensysteme (bei Esch, 2003, auch als Markenstrategie bezeichnet) bestehen demnach aus Einzelmarken, Familienmarken und Dachmarken. Jedes Markensystem besitzt dabei andere Vor- und Nachteile. Die Markensysteme sind bei der Einführung neuer Produkte wichtig und können vorhandene Markenstrategien restrukturieren. Um das richtige Markensystem zu verwenden, kommt es darauf an das unternehmerische Kompetenzfeld, die Zielgruppenbedürfnisse und die Wettbewerbsstrukturen zu berücksichtigen. (vgl. Scharf & et al., 2012 & Esch F.-R., 2003)

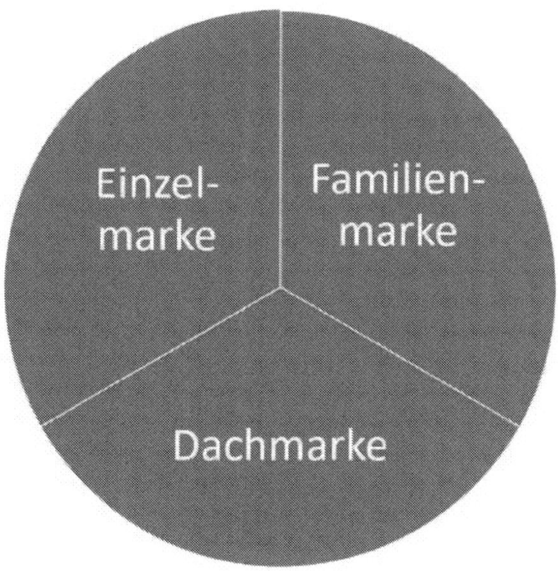

Abbildung 38: Die Markensysteme, eigene Darstellung

Die Einzelmarke

Für jedes Produkt bzw. für jede Produktgruppe eines Anbieters wird eine eigene Marke entwickelt. Es geht hierbei um die Nutzung einer Marke für ein Produkt mit genau einem Nutzenversprechen. Dieses System bietet sich vor allem dann an, wenn ein Unternehmen mit vielen heterogenen Produkten viele unterschiedliche Segmente anspricht. (Scharf & et al., 2012)

Der Hersteller oder der Großkonzern, der für das Produkt mit der dazugehörigen Marke verantwortlich ist, rückt in den Hintergrund. Dadurch, dass sich die Einzelmarke auf ein spezielles Produkt für eine bestimmte Kundengruppe bezieht, kann eine präzise Positionierung vorgenommen werden.

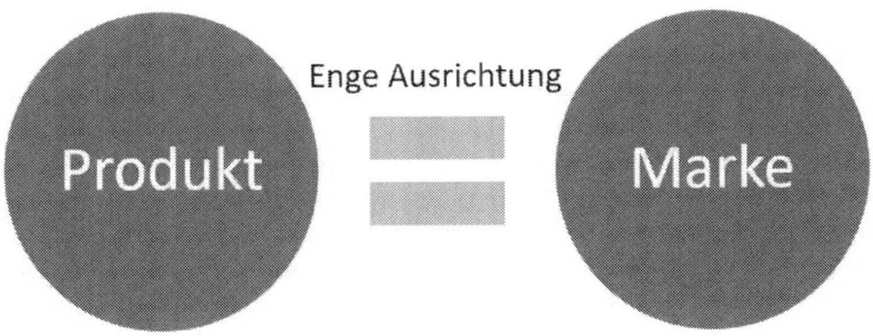

Abbildung 39: Die Einzelmarke, eigene Darstellung

Die Vorteile der Einzelmarke: (vgl. Scharf & et al., 2012. S. 268)

Eine Spezialisierung auf bestimmte Aspekte der Markenführung ist mit der Einzelmarke hervorragend möglich. Hat man bestimmte Segmente oder Nischen für das Unternehmen gefunden, kann man diese optimal mit einer Einzelmarke ansprechen.

Möchte man mehrere Nischen oder Segmente abdecken, so kann man verschiedene Einzelmarken einsetzen. Durch diese genaue Zielgruppendefinition steht der Kunde im Mittelpunkt und das Marketing kann marktorientiert (und somit kundenorientiert) vorgehen. Die Einzelmarke ist in ihrer Anwendung sehr flexibel, da sich eine Marke nur auf ein Produkt bezieht, somit betreffen die strategischen Entscheidungen nur diese individuelle Markenidentität.

Die Nachteile der Einzelmarke: (vgl. Scharf & et al., 2012. S. 268)

Ein Nachteil ist der große operative Aufwand. Der Aufwand bezieht sich nicht nur auf die Marketingkosten, die von der Einzelmarke allein getragen werden, sondern auch auf den zeitlichen Aufwand: Bei der Einzelmarke muss das Produkt individuell beworben, gestaltet und bearbeitet werden.

Das bedeutet in der Praxis, dass sich eine Abteilung eventuell nur mit diesem Einzelprodukt und seiner Marke befasst. Der Marketingmix und die Markenführung beziehen sich nur auf dieses eine Produkt und es entstehen höhere Kosten, da die Werbung individuell für das Produkt gestaltet werden muss. Das ausgewählte Segment sollte groß genug sein, damit sich dieser höhere Aufwand lohnt. Durch die Nischenpositionierung kann es sein, dass man nur einen Teil eines Gesamtmarkts abdeckt. Wenn dieser zu klein oder die Kaufkraft der Zielgruppe zu gering ist, lohnt sich der Mehraufwand einer Einzelmarke eventuell nicht.

Eine Einzelmarke kann zudem nicht von anderen Marken des Unternehmens profitieren. Der Sinn einer Einzelmarke besteht darin, dass das Produkt und die Marke als eigenständiges Angebot wahrgenommen werden.

Beispiel: Die Ferrero Gruppe ist in die Dachmarke und der übergeordnete Großkonzern, der den Markt für Süßigkeiten, Schokolade, etc. abdecken möchte. Nutella ist die Einzelmarke, die sich auf die Familie und Tradition spezialisiert hat. In der Werbung wird meist eine klassische Familiensituation beim Frühstück gezeigt. Der Zusatznutzen könnten hierbei die positiven Emotionen, wie z.B. Sicherheit und Familienglück, sein.

Der Kinderriegel als Einzelmarke positioniert sich an, wie der Name schon sagt, Kindern. Möchten Eltern ihren Kindern eine Freude machen, kaufen sie Ihnen einen Kinderriegel oder eine Kinderüberraschung.

Raffaello oder Ferrero Rocher versuchen sich über Qualität am Markt zu positionieren. Diese beiden Einzelmarken dienen eher als Geschenk oder für den besonderen Moment / Genuss.

Bei all diesen Einzelmarken tritt der Lebensmittelkonzern Ferrero in den Hintergrund. Für den „normalen" Konsumenten wird es nicht ersichtlich, welches Unternehmen hinter den Einzelmarken steht, da die Einzelmarken als eigenständig wahrgenommen werden.

Video 16: Die Einzelmarke

Die Familienmarke

Bei der Familienmarke wird für mehrere Produkte eine einheitliche Marke gewählt. Produkte werden zum Beispiel nach ihrem Verwendungszweck kategorisiert und zu einer Familienmarke zusammengefasst. (Scharf & et al., 2012) Das Unternehmen bleibt weiterhin im Hintergrund. Das Ziel ist es, eine einheitliche Markenidentität für alle Produkte der Familienmarke aufzubauen. Die Familienmarke gliedert sich zwischen Einzel- und Dachmarke ein und verbindet verschiedene Aspekte beider Markensysteme.

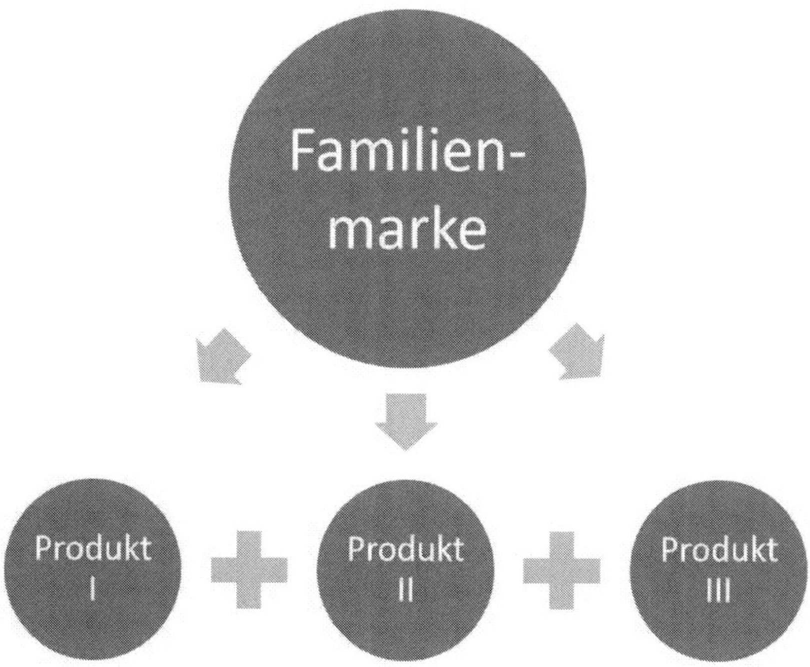

Abbildung 40: Die Familienmarke, eigene Darstellung

Die Vorteile der Familienmarke: (vgl. Scharf & et al., 2012. S. 269)

Zu den Vorteilen gehört eine bessere Kostenverteilung: So hängen die Marketingkosten nicht mehr nur von einem Produkt ab, sondern werden auf verschiedene Einzelprodukte verteilt. Da hierbei mehrere Produkte am Markt platziert sind, kann es zu Synergieeffekten kommen: Auf der einen Seite kann durch Komplementärgüter oder anderen Verbundgruppen ein Nachfragezusammenhang entstehen, auf der anderen Seite können die positiven Produkteigenschaften auf die anderen Produkte der Familienmarke übertragen werden. Wird ein neues Produkt in das Angebot aufgenommen, kann es direkt beim Kunden vom bisherigen Markenimage profitieren. Die Produkteinführungsphase kann somit verkürzt und erleichtert werden. Mit mehreren Produkten im Markenangebot kann eine breitere Zielgruppe angesprochen werden. Das Risiko der Marke sinkt somit, da mehrere Produktlinien für den Erfolg der Marke zuständig sind.

Nachteile der Familienmarke: (vgl. Scharf & et al., 2012. S. 269)

Dadurch, dass mehrere Produkte zu einer Marke gehören, kann es auch anstelle der positiven Synergieeffekte zu negativen Effekten kommen: Beim Skandal eines einzelnen Produkts aus dem Portfolio bekommen alle Produkte der Marke einen Imageschaden. Eine Markenpositionierung und Markenidentität sind für mehrere unterschiedliche Produkte nicht so einfach zu finden:

Je größer die Zielgruppe und das Produktangebot wird, desto schwieriger wird es, eine gemeinsame Strategie für alle Produkte der Familienmarke zu finden. Wird die Marke zu weit gedehnt und entfernt sich von ihrem Markenkern, weiß der Kunde im Endeffekt nicht mehr, wofür die Marke steht. Der Marketer ist mit mehreren Produkten, die zu einer Marke zusammengefasst werden, unflexibler bei operativen und strategischen Entscheidungen.

Beispiel: Nestlé benutzt unter anderem das Familienmarkensystem für Maggi. Die Marke Maggi besitzt ein Portfolio aus verschiedenen Gewürzen und Geschmacksverstärkern für den Endverbraucher. Die Familienmarke besteht also aus mehreren Produktlinien. Nestlé hat es geschafft, viele eigenständige Familienmarken an den Markt zu bringen, die nicht mit dem Nahrungsmittelkonzern in Verbindung gebracht werden. Dadurch, dass Nestlé so viele Familienmarken besitzt, ist das Geschäftsrisiko recht gering und das Markenportfolio diversifiziert.

Video 17: Die Familienmarke

Die Dachmarke

Die Dachmarke ist von den drei Markenstrategien die allgemeinste und umfassendste Vorgehensweise. Alle Produkte eines Unternehmens werden unter einer einheitlichen Marke geführt. (Scharf & et al., 2012) Das gesamte Angebot wird in einer Strategie gebündelt.

Das Unternehmen an sich rückt in den Fokus, da es alle Produkte unter sich und seiner Dachmarke vereint. Dieses System passt oft zu global agierenden Konzernen, wie z.B. dem Volkswagenkonzern. Meistens wird nicht nur eine Dachmarkenstrategie benutzt, sondern auch auf eine Einzel- und/oder Dachmarke zurückgegriffen.

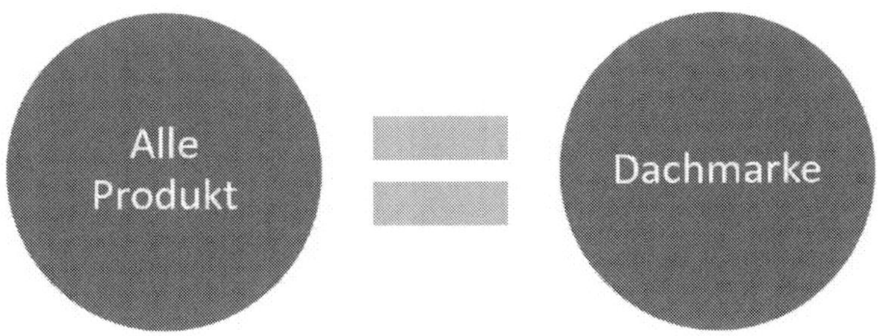

Abbildung 41: Die Dachmarke, eigene Darstellung

<u>Die Vorteile der Dachmarke</u>: (vgl. Scharf & et al., 2012. S. 270)

Die Vorteile liegen ganz klar beim operativen Aufwand: Dadurch, dass alle Produkte unter einer Marke zusammengefasst werden, muss auch das Marketing nur für eine Marke umgesetzt werden. Alle anfallenden Marketingkosten können auf das gesamte Portfolio verteilt werden.

Zusätzlich können relativ einfach neue Produkte eingeführt werden, da man die Produktinnovationen einfach zwischen bereits existierenden Produkten eingliedern kann. Sollte ein Produkt unter dem gesamten Sortiment floppen, hält sich das finanzielle Risiko in Grenzen. Bei einem Markenerfolg hat man die Möglichkeit eine globale Marke aufzubauen, die weltweit agiert und anerkannt ist.

<u>Die Nachteile der Dachmarke</u>: (vgl. Scharf & et al., 2012. S. 270)

Es ist sehr schwer, sich mit einer übergeordneten Marke und dem vielseitigen Produktangebot zu positionieren. Dem Konsumenten ist eventuell nicht ganz klar, wofür die Marke stehen und was sie auszeichnen soll. Die Besonderheiten einzelner Produkte können nicht berücksichtigt werden. Bei der Dachmarke findet möglicherweise keine Konzentration (Positionierung) auf eine bestimmte Zielgruppe satt, wodurch sich auch der Wettbewerbsdruck erhöht.

Ähnlich wie bei der Familienmarke sind viele Transfereffekte möglich: Sollte es einen Skandal geben, würde dieser gleich das gesamte Sortiment betreffen und das Markenimage des gesamten Unternehmens leidet darunter. Die Koordination der Marketingabteilung mit den dazugehörigen Produkten ist sehr unflexibel.

Das Marketing (mit dem Marketingmix) für das aus verschiedenen Sortimenten bestehende Produktangebot zu gestalten, erweist sich als Herausforderung.

Beispiel: Die Firma Henkel ist mit seinem Produktportfolio nicht nur breit aufgestellt, sondern sowohl auf dem B2B als auch dem B2C-Markt aktiv.

Henkel hat verschiedene Produkte im Angebot, z.B. Klebstoffe, Waschmittel oder Shampoo, die unter verschiedenen Familien- oder Einzelmarken zusammengefasst werden. Das Produktangebot ist somit sehr breit diversifiziert.

Das Beispiel Henkel veranschaulicht auch, dass die Wahl des Markensystems keine „Entweder-Oder-Entscheidung" ist, sondern eine Kombination verschiedener Markensysteme möglich ist. Sobald ein Unternehmen ein Produktportfolio besitzt, hat es meistens auch mindestens eine Einzel- und Dachmarke. Die Systeme können nicht getrennt betrachtet werden, es sollte eine Kombination der Markensysteme angestrebt werden.

Abbildung 42: Praxisbeispiel Dachmarke,
freundlicherweise zur Verfügung gestellt von Henkel AG & KGaA

Video 18: Die Dachmarke

Die Markenstrategien

Die Markenstrategien (bei Esch, 2003, auch als Markensysteme bezeichnet) bauen direkt auf den Markensystemen (Einzel-, Familie- und Dachmarke) auf. Zusammen bilden Sie die Basis für eine strategische Markenpolitik und bieten strategische Wachstumsoptionen mit neuen Marken oder Produkten. Das bisherige Markenportfolio kann verändert werden, indem das Markenportfolio erweitert, umstrukturiert oder verkleinert wird. (Scharf & et al., 2012)

Ähnlich wie bei der Produkt-Markt-Matrix von Ansoff (Ansoff, 1965), die beschreibt, wie man mit neuen oder bestehenden Produkten auf den entsprechenden Märkten aktiv werden kann, gibt es eine solche Übersicht auch für die Markenführung. Die Einteilung bezieht sich also darauf, ob es bereits bestehende Marken oder Produkte gibt. (Homburg, 2012)

	Bisheriger Markenname	Neuer Markenname
Bisherige Produktkategorie	Produktlinienerweiterung	Flankierende Marke
Neue Produktkategorie	Markenerweiterung	Neue Marke

Abbildung 43: Die Markenstrategien, eigene Darstellung, Quelle: (vgl. Homburg, 2012, S. 623)

1.) Die Produktlinienerweiterung

In dieser Strategie verändert man nur die bestehenden Produkte in ihren Eigenschaften. So kann man zum Beispiel die Gestaltung, den Geschmack oder die Verpackung eines Produkts verändern. Das alles geschieht unter dem Schutz des bisherigen Markennamens. (Scharf & et al., 2012)

Der Marktanteil soll durch das breite Angebot erhöht werden. Die Umsetzung ist relativ einfach, da man sich nicht viele Gedanken über eine neue Marke oder Produktkategorie machen muss.

Es ist kostengünstiger eine Produktveränderung durchzuführen als eine neue Marke zu entwickeln. Hinzu kommt, dass die Konsumenten bereits das Produkt und die Marke kennen und schneller bereit sind neue Veränderungen, z.B. im Geschmack, auszuprobieren. Die Kunden kann man somit über die Produktlinienerweiterung stärker binden und zusätzlich Neukunden gewinnen. (Scharf & et al., 2012)

Zum Nachteil wird die Produktlinienerweiterung, wenn die verschiedenen Produktvariationen sich gegenseitig die Kunden und Marktanteile wegnehmen. (Kannibalisierungseffekt, S. 50) Bei Veränderungen in der Gestaltung muss man aufpassen, dass die Produktveränderung weiterhin zur Marke zugeordnet werden kann und die Identität der Marke nicht verwässert wird. Der Kunde sollte also weiterhin genau wissen, worum es bei der Marke geht und das veränderte Produkt der bisherigen Marke zuordnen können. (Scharf & et al., 2012)

Beispiel: Viele Getränkehersteller benutzen die Produktlinienerweiterung, um unterschiedliche Geschmackssorten für ihre Getränke anzubieten oder die Getränke in unterschiedlichen Verpackungsgrößen, wie z.B. Dose, PET-Einzelflaschen und PET-6er-Pack, anzubieten.

2.) Die Markenerweiterung

Bei der Markenerweiterung bleibt (wie bei der Produktlinienerweiterung) die Marke bestehen. Das Angebot wird diesmal durch eine komplett neue Produktkategorien erweitert. Der Konsument sollte aber weiterhin die Produkte zu der Marke zuordnen können.

Auch bei dieser Markenstrategie haben die Kunden bereits einen Bezug zur Marke und es könnte ein positiver oder negativer Imagetransfer stattfinden: Die Meinung über ein Produkt überträgt sich auf ein neues Produkt der Marke (siehe Familien- und Dachmarke). Durch das neue Produktangebot können neue Kundengruppen angesprochen werden, die mit dem vorherigen Nutzenangebot nichts anfangen konnten. (Burmann, Meffert, & Blinda, 2005, Esch F.-R., 2003 sowie Scharf & et al.,2012)

Beispiel: Die Marke Tempo gehört zur Essity Germany GmbH. Die Marke Tempo bietet verschiedene Produkte an, die sich leicht in der Nutzung unterscheiden. Es gibt Tempo-Taschentücher, Tempo-Feucht- / Kosmetiktücher und Tempo-Toilettentücher. (Essity Germany GmbH, 2019)

Sehr gute Markenmanager schaffen es, dass sich die Produkte gegenseitig ergänzen und gemeinsam nachgefragt werden. Zusätzlich kommt hinzu, dass sich die Marketingkosten auf mehrere, mehr oder minder voneinander unabhängige Produktkategorien aufteilen. Man besitzt ein diversifiziertes Produktportfolio unter einer Dachmarke.

Die linke Seite der Markenstrategien kann man auch als Markendehnung bezeichnen, da eine bereits vorhandene Marke stetig mit neuen Produktänderungen erweitert wird. Das Ziel besteht darin, weiter in die bisherige Marke zu investieren und diese auszubauen. (Scharf & et al., 2012)

Als Nächstes werden die strategischen Möglichkeiten behandelt, die sich u.a. aus der Änderung der Marke ergeben.

3.) Die flankierende Marke

Bei der flankierenden Marke wird die bisherige Produktkategorie beibehalten. Dahinter steht der Grundgedanke, dass der Konsument zwischen verschiedenen Marken des eigenen Unternehmens wählen soll, anstatt zwischen der eigenen Marke und einer der Konkurrenz zu wählen. (Scharf & et al., 2012) Das komplette Markensteuerrad mit dem Branding wird verändert.

Beispiel: Der VW-Konzern besteht aus unterschiedlichen Marken, wie z.B. Audi, Seat, Bugatti, etc. Über 10 Marken befinden sich unter der Dachmarke. Alle Produkte besitzen zwar die gleiche nutzenstiftende Eigenschaft, haben aber unterschiedliche Markenstrategien, die bei den Positionierungen deutlich werden: Im Portfolio von VW befinden sich Marken, die für Sportlichkeit, Sicherheit, Technik oder günstigen Preis stehen.

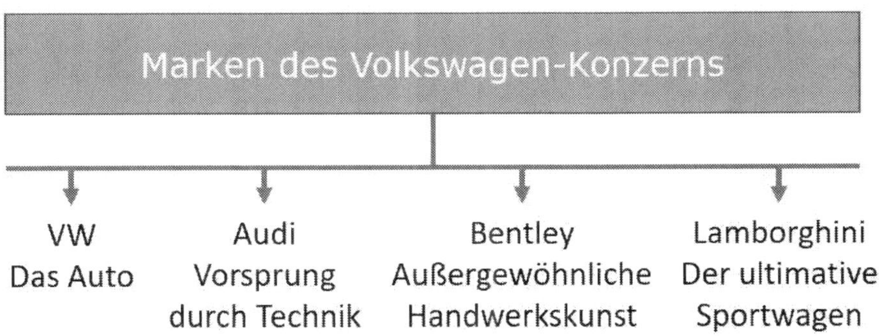

Abbildung 44: Mehrmarkenstrategie Beispiel, eigene Darstellung

Man hat bei der flankierenden Marke die Möglichkeit eine breite Kundengruppe verschiedenen Ansprüche und Vorstellungen anzusprechen. Man kann also eine Marke als qualitativ hochwertig und teuer positionieren oder versuchen die Kundengruppe mit einem guten Preis-Leistungsverhältnis zu bedienen. Die Marken werden im besten Fall als eigenständig wahrgenommen, tragen zur Diversifikation bei und verringern somit das operative Geschäftsrisiko:

Das Geschäftsmodell ist nicht mehr nur von einer Marke abhängig, stattdessen verteilt sich das Angebot auf ein vielseitiges Produkt- und Markenportfolio. Die Positionierung der verschiedenen Marken am Markt ist ein aufwendiger Prozess. Die eigenen Marken sollten trennscharf positioniert werden, da sie sich sonst gegenseitig die Marktanteile wegnehmen. Dieser Effekt ist als Kannibalisierungseffekt unter ähnlichen Marken bekannt. (Scharf & et al., 2012 & Esch, 2012)

Beispiel: Die Firma Henkel hat es geschafft, für das gesamte Portfolio der Waschmittelmarken andere Positionierungen zu finden. Das Unternehmen hat somit die Möglichkeit, eine breite Marktabdeckung und ein größeres Marktwachstum zu erzielen.

Abbildung 45: Trennscharfe Positionierung der Firma Henkel. Eigene Darstellung, Die Logos wurden freundlicherweise zur Verfügung gestellt von Henkel AG & KGaA.

Alle Marketingabteilungen der Marken müssen dabei zusammenarbeiten. Die flankierende Marke wird auch als Mehrmarkenstrategie bezeichnet und ist besonders hilfreich, wenn man neue Marktsegmente erobern möchte und die bisherigen Marken nicht dafür geeignet sind. (Meffert, Burmann, Koers, 2005 & Baumgarth, 2014)

4.) Die neue Marke-Strategie

Die neue Marke bezeichnet das Vorgehen einen neuen Markennamen mit einem neuen Produkt zu verbinden. Das Unternehmen begibt sich hierbei auf ein komplett neues Geschäftsfeld.

Bei einer erfolgreichen Umsetzung besitzt das Unternehmen eine starke Diversifikation, da es nun auf verschiedenen Märkten mit verschiedenen Marken und Produkten aktiv ist. (Scharf & et al., 2012) Eine solche Umsetzung ist allerdings nicht einfach.

Es muss aus dem bestehenden Unternehmen ein neuer Geschäftsbereich entwickelt werden. Dieser Vorgang ist mit viel Kosten- und Zeitaufwand verbunden. Die Frage ist auch, inwieweit man die neue Marke als Dehnung oder Erweiterung der bisherigen Marke verstehen kann. Es wird eine komplett neue Marke geschaffen, die eventuell keinen Zusammenhang mit der vorherigen Marke hat.

Tipp: Bei den Markenstrategien gibt es viele Überschneidungen mit den Markensystemen. So passt die flankierende Markenstrategie und die Markenerweiterungsstrategie sehr gut zum Familien- oder Dachmarkensystem. Aus einer Dachmarke könnte man mithilfe der neuen Markenstrategie und der flankierenden Marke viele verschiedene Einzelmarken machen. Die Einzelmarke könnte man wiederum nicht mit der Markenerweiterungsstrategie kombinieren. Es gibt mehrere Zusammenhänge, wie die Markenführung mit der Markenstrategie und den Markensystemen in ein optimales Zusammenspiel gebracht werden kann.

Video 19: Die Markenstrategien

Das Branding der Marke

Das Branding besteht aus drei Bereichen: Dem Logo, dem Namen und der Gestaltung der Marke (= Branding-Dreieck) (Langner, 2002). Das Branding hängt stark mit der Markengestaltung durch die Markenidentität zusammen.

Die Ziele des Branding sind: (Esch F.-R., 2003)

- Differenzierungsfunktion: Bestimmte Aspekte des Angebots hervorheben.
- Imageaufbau: Ein einzigartiges Image beim Kunden aufbauen.
- Erinnerungswirkung: Die Erinnerungsfähigkeit an die Marke erhöhen.
- Verbindungsfunktion: Die Positionierungseigenschaften mit der Marke verknüpfen.
- Aufmerksamkeitsfunktion: Die Erkennung der Marke fördern.

Das Logo unterstützt das Markenimage als visueller Reiz, bei dem es darum geht, Vorstellungsbilder und Assoziationen zu integrieren. Genau dort kann das Logo Assoziationen und Vorstellungsbilder hervorrufen. Zudem ist aus der Wirtschaftspsychologie bekannt, dass reale Objekte besser erinnert werden als Bilder. Texte können am schlechtesten erinnert werden. (Felser, 2015) Markenlogos unterstützen also die Markenbekanntheit und Wiedererkennung der Marke.

Markenlogos kann man unterteilen in Schrift- und Bildlogos. Schriftlogos bestehen dabei aus Zeichen oder Buchstaben, z.B. VW. Die Bildlogos können weiter in abstrakte oder konkrete Bildlogos unterteilt werden. Bei den konkreten Bildlogos ist eine Verbindung zwischen dem Markenlogo und dem realen Objekt erkennbar, z.B. gleicht das Apple-Logo der Frucht. (Esch, 2010)

Abbildung 46: Unterteilung Markenlogos, eigene Darstellung, Quelle: (Scharf, Schubert, & Hehn, 2012, S. 291 & Esch, 2003, S. 175)

Der Markenname kann mit Bezug zur Marke oder ohne Bezug zur Marke formuliert werden. Es ist ideal, wenn der Name und das Logo zusammenpassen, z.B. bei der Marke Apple. Einen Markennamen kann man mit drei unterschiedlichen Eigenschaften beschreiben: (Esch F., 2010)

- Assoziationsstärke: Können Vorstellungsbilder und Assoziationen leicht beim Kunden entstehen?
- Erscheinungsform: Wie leicht ist die Aussprache des Namens? Die Erscheinungsform des Markennamens ist abhängig von der Schriftart und der Länge.
- Einzigartigkeit: Man sollte sich mit dem Namen von anderen Unternehmen differenzieren und für eine bestimmte Markenidentität stehen. Der Name wird das Unternehmen und die Produkte repräsentieren.

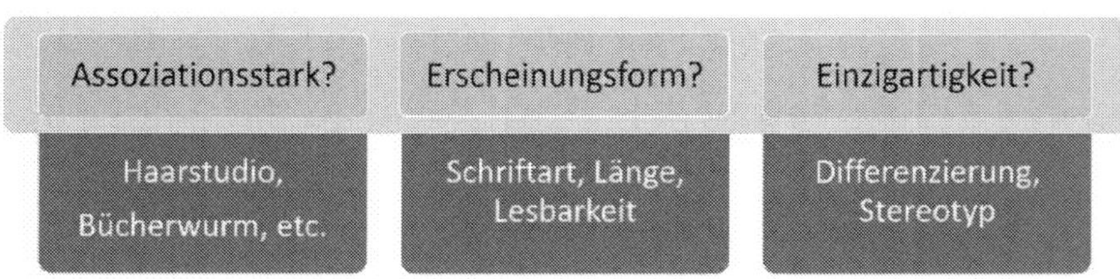

Abbildung 47: Eigenschaften Markennamen, eigene Darstellung

Die Gestaltung im Branding wird oftmals über die Verpackungs- und Produktgestaltung umgesetzt. (Scharf & et al., 2012) Die Produktgestaltung (äußerer Wert) besteht hauptsächlich aus dem Produktdesign und der Verpackung. Grundsätzlich hat die Verpackung eine Kennzeichnungs- und der Schutzfunktion für die Produkte. Ein gutes Design lenkt dabei die Aufmerksamkeit auf das Produkt, kann die Benutzerfreundlichkeit erhöhen und somit den Zusatznutzen verbessern. Durch effiziente Verpackungen (z.B. Ikea) können auch Produktionskosten eingespart werden.

Auch das Design kann dazu dienen, die Marke zu positionieren, denn ein hochwertiges Design trägt zur Qualitätspositionierung bei und ruft bestimmte Assoziationen hervor. Nicht nur die Optik spielt hierbei eine Rolle: Viele Produkte können im Verkaufsladen ausprobiert und erlebt werden.

Dabei entsteht ein Zusammenspiel vieler Sinne: Die Multisensorik in der Gestaltung ist wichtig, um die Aufmerksamkeit, Erinnerungsfähigkeit, Glaubwürdigkeit, Wertschätzung und Kaufwahrscheinlichkeit der Produkte zu erhöhen. (Hartmann & Haupt, 2016)

Video 20: Das Branding

Das Markenimage

Nach der operativen und strategischen Umsetzung der Markenidentität ist es nun wichtig, sich die letzte Phase des Markenprozesses anzuschauen. Die Marke ist nicht das Produkt im Verkaufsregal, sondern besteht aus den Assoziationen, die man mit der Marke verbindet. Kunden entwickeln Überzeugungen zu den einzelnen Marken, deren Summe das Markenimage ergibt. Die Überzeugungen können Vorstellungsbilder, Assoziationen oder Einstellungen gegenüber der Marke sein. Die Sichtweise der Kunden kann auf den Erfahrungen, der selektiven Wahrnehmung oder Erinnerungen beruhen. Das Markenimage gilt als Maßstab wie gut es dem Unternehmen gelungen ist die Markenidentität mit den Markenstrategien umzusetzen. Im Optimalfall stimmen die Unternehmenssicht (Wunschvorstellung) und die Kundensicht (Ist-Vorstellung) auf die Marke miteinander überein. Das Markenimage steht für viele verschiedene Assoziationen, die man weitergehend betrachten und aufteilen kann: (ausführlich Esch F.-R., 2003, S. 70-76)

1.) Die Art der Verbindung

Die Assoziation kann emotional oder rational begründet sein. Emotionen spielen eine wichtige Rolle bei der Beschreibung von Marken.

Hierbei spielt die Markenpersönlichkeit im Markensteuerrad eine große Rolle: Marken können wie Menschen wahrgenommen werden und helfen somit starke emotionale Bindungen zwischen dem Produkt und dem Konsumenten aufzubauen. (Esch F.-R., 2003) Es ist also ratsam, die Marke emotional beim Kunden zu verankern, da der Kunde vor allem den Zusatznutzen und nicht die objektiven Eigenschaften wahrnimmt.

2.) Die Stärke der Assoziation

Wenn ein Konsument mit einer Marke eine starke Bindung und ein Markenvertrauen aufgebaut hat, sind die Assoziationen, die der Kunde mit der Marke hat, sehr stark. Die Stärke der Assoziation beschreibt also, wie sicher diese Assoziationen zwischen Marke und Konsument sind. Ist die Assoziation sehr stark, lässt sich der Konsument nicht so leicht durch andere Meinungen beeinflussen.

3.) Repräsentation der Assoziation

Die Repräsentation kann verbal oder nonverbal sein. Eine nonverbale Verankerung der Assoziationen besteht aus den Vorstellungsbildern, Gerüchen oder der Haptik. Eine verbale Repräsentation der Assoziation steht hingegen eher für Daten und Fakten. Hierbei spielt die Wirtschaftspsychologie eine wichtige Rolle: Bilder verbessern die Gedächtnis- und Lernfähigkeit des Konsumenten. (Felser, 2015) Ist eine Marke also nicht nur sprachlich, sondern auch mit Bildern in den Vorstellungen des Kunden verankert, kann die nonverbale Verankerung der Marke die Erinnerung an die Marke verbessern. So ist eine Assoziation mit der Marke Milka eine lila Kuh. Diese Assoziation ist sowohl verbal als auch stark nonverbal (außergewöhnliches Bild) verankert. Dieses Vorstellungsbild verbessert dann die Stärke der Assoziation.

4.) Die Anzahl der Assoziationen

Die Anzahl der Assoziationen, die mit einer Marke verbunden werden, beeinflussen die Möglichkeiten, um eine starke Marke aufzubauen. Das Markenwissen, also alle Einstellungen und Vorstellungsbilder einer Marke, werden in Schemata gespeichert. Je mehr Assoziationen aufgebaut werden, desto stärker ist dieses Netzwerk.

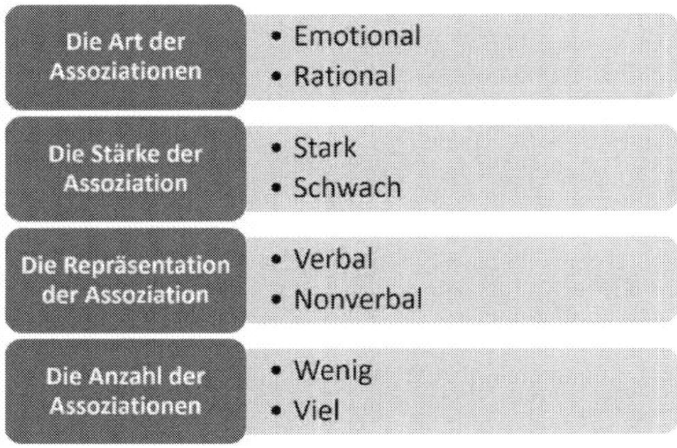

Abbildung 48: Assoziationskriterien – Teil 1, eigene Darstellung. Quelle: (vgl. Esch F.-R., 2003, S. 70)

5.) Die Richtung der Assoziation

Die Richtung steht für positive oder negative Assoziationen, die aufgebaut werden können. Alle besprochenen Eigenschaften der Assoziationen und des Markenimages können in beide Richtungen verlaufen. Die Umsetzungsphase ist besonders wichtig, da dem Kunden in dieser Phase die Markenidentität vermittelt wird. Bei einem Skandal oder einer Produktenttäuschung können auch negative Assoziationen mit der Marke aufgebaut werden.

6.) Die Zugriffsfähigkeit der Assoziation

Assoziationen können nicht nur verschieden stark mit einer Marke und deren Produkten verbunden sein, sondern auch unterschiedlich leicht abgerufen werden. (Esch F.-R., 2003) Die Schnelligkeit und Leichtigkeit mit der uns etwas "vor das geistige Auge springt" oder als Gedanke abgerufen wird, steht hierbei für die Zugriffsfähigkeit.

„Die geistige Verfügbarkeit einer Information selbst wird also als Indikator für andere Merkmale betrachtet. Die Tatsache, dass uns etwas schnell und ohne viel Nachdenken in den Sinn kommt, kann als Beleg für viele wichtige Eigenschaften erlebt werden, etwa dafür, dass eine Information wahr, relevant, einschlägig oder wichtig ist." (Felser G. , 2015, S. 134)

7.) Die Einzigartigkeit der Assoziationen

Die Einzigartigkeit steht für das Alleinstellungsmerkmal, den abgrenzenden Burggraben und die Besonderheit der Marke. Hat es die Marke geschafft, besonders viele solcher einzigartigen Merkmale aufzubauen, nimmt sie eine besondere Stellung am Markt ein. Die Marke hat es geschafft, sich klar zu positionieren und einen Burggraben um sich herum zu ziehen.

8.) Relevanz der Assoziationen

Die Relevanz sagt aus, ob die Marke es geschafft hat, Merkmale zu verkörpern, die dem Kunden wichtig sind. Gelang es dem Unternehmen, die für den Kunden bedeutsamen Merkmale zu finden und mit den Markenstrategien umzusetzen?

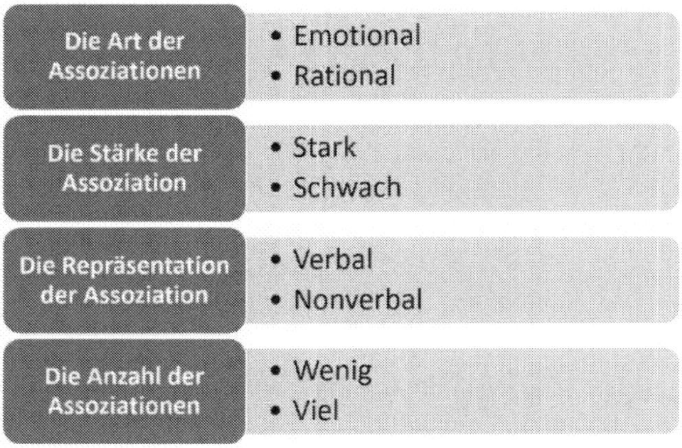

Abbildung 49: Assoziationskriterien – Teil 2, eigene Darstellung. (vgl. Esch F.-R., 2003, S. 70)

Beispiel: Ein positives Beispiel für den erfolgreichen Aufbau eines Markenimage ist Red Bull. Diese Marke hat es geschafft, starke Assoziationen beim Konsumenten aufzubauen. Durch eine klare Positionierung im Sport- und Actionbereich konnte die Marke viele Assoziationen aufbauen, die gerade die jüngere Zielgruppe stark emotional prägt. Red Bull verleiht laut seiner Werbebotschaft Flügel und belebt Geist und Körper.

Abbildung 50: Markenkommunikation von Red Bull, freundlicherweise zur Verfügung gestellt von Red Bull Germany.

Das Markenwissen

Wie bereits angesprochen, werden die gesamten Assoziationen, Emotionen und Verbindungen über die Marke in einer Art Netzwerk gespeichert. Dieses semantische Netzwerk dient zur Darstellung dieser komplexen Wissenseinheiten und führt dazu, dass durch eine Assoziation oder einen bestimmten Auslöser eine Vielzahl von weiteren Verbindungen abgerufen wird. (Scharf & et al., 2012)

Dieser Prozess erfolgt in einer ganz bestimmten Reihenfolge: Zuerst werden die Verbindungen der Produktkategorie abgerufen, danach folgen die einzelnen individuellen Markenassoziationen, die der Kunde mit der Marke aufgebaut hat. (Scharf & et al., 2012)

Je mehr Assoziationen aufgebaut werden, desto wahrscheinlicher wird es, dass durch eine Information die Marke mit ihren Produkten abgerufen wird.

Eine Verpackung, die Informationenenthält und somit zum Konsumentenwissen dazugehört, kann beispielsweise eine bestimmte Produktkategorie ansprechen und die entsprechende Marke in den Köpfen der Kunden aktivieren. Wird der Assoziationsprozess abgerufen, schließt der Konsument auf ganz bestimmte Produktmerkmale, die sich aus dem Verpackungsdesign ergeben können. Als Folge könnte der Kunde weiterhin auf bestimmte Markeneigenschaften schließen oder seine persönliche Produktbewertung mental abrufen. Die Assoziationsausbreitung geht dabei nicht unbegrenzt weit. Starke Assoziationsverbindungen werden zuerst abgerufen. Die Assoziation, die als erstes abgerufen wird, hängt auch vom Reiz bzw. Stimulus ab. (Felser G. , 2015, S. 78)

Beispiel: Die Marke BMW weckt zuallererst alle Assoziationen der Produktkategorie. Es werden also alle Verbindungen abgerufen, die etwas mit einem Auto zu tun haben: Freiheit, Transportmittel, Geschwindigkeit, etc. Danach werden die BMW-typischen Merkmale abgerufen, dazu könnte gehören: Sportlichkeit, Fahrspaß, sozialer Status, etc.

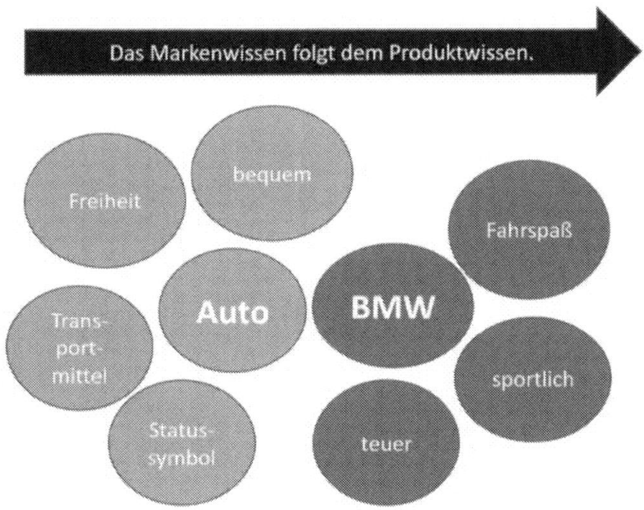

Abbildung 51: Markenschema Beispiel, eigene Darstellung

Das Markenwissen ist also immer dem Produktwissen untergeordnet. Allen Marken einer bestimmten Produktkategorie werden automatisch die Merkmale der Produktkategorie zugeordnet. Diesen Prozess nennt man auch Vererbungsprozess. (Scharf & et al., 2012)

Video 21: Das Markenimage

Zusammenfassung der Markenführung

Der Markenprozess erscheint in seiner Fülle schnell als vollwertiges Themengebiet, obwohl er nur einen Teilbereich des Marketings ausmacht. Die Markenführung integriert sich in die anderen Marketingstrategien und das zugrundeliegende Ziel von Marketing: Den empfundenen Kundennutzen zu erhöhen. Starke Marken sind eine Win-Win-Situation für die Kunden und das Unternehmen.

Dabei ist das Markenimage der Schlüssel für eine erfolgreiche Markenpolitik. Um ein positives Image aufzubauen, benötigt es eine erfolgreiche Realisierung der besprochenen Umsetzungsphase, die wiederum auf den Vorüberlegungen des Unternehmens beruht.

Der Grundbaustein der Marketingstrategien ist die Analysephase, um die nötigen Daten über die Zielgruppe und den Markt zu bekommen., beispielsweise wichtige Informationen für eine passende Segmentierung der Kundschaft. Die Strategien müssen mit den Zielen und der Unternehmensmission zusammenpassen und sollten über mehrere Jahre festgesetzt werden. Die Taktik, die im nächsten Kapitel behandelt wird, orientiert sich dann an dieser langfristigen Strategie. Es ist nicht notwendig, sich ausschließlich auf den Wettbewerb oder bestimmte Marktfelder zu konzentrieren, da einige Strategien sehr gut zusammenpassen und kombiniert werden können.

Video 22 & 23: Die Markenführung (links) & Marketingstrategien (rechts)

Der Marketingmix

Der Marketingmix mit seinen Maßnahmen (bestehend aus den 4 P´s) wird Teil der nächsten Kapitel. Die Taktikphase ist die Umsetzung der Strategien. Es wird erklärt, wie man die Strategie umsetzen kann und was man im operativen Geschäft bei der Produkt-, Preis-, Distributions- und Kommunikationspolitik beachten sollte.

Die Produktpolitik

Beschäftigt man sich mit dem Thema Produktpolitik, werden häufig Begriffe wie der „Kern" oder das „Herz" eines Unternehmens genannt. Die Produktpolitik beschreibt die Produkt- und Absatzprogrammgestaltung.

Der Begriff Produkt steht dabei nicht nur für das materielle Objekt, sondern kann auch eine Dienstleistung, eine Person, ein Ort oder eine Organisation sein. (Scharf & et al., 2012)

Das Produkt besteht dabei aus verschiedenen Komponenten: (Scharf & et al., 2012)

1.) Kernprodukt: Es beschreibt die Basiseigenschaften und den Grundnutzen des Produkts.

2.) Erweitertes Produkt: Die zusätzlichen Leistungen (z.B. Beratung und Service) und der Zusatznutzen des Produkts.

Beispiel: Beim Auto wäre das Kernprodukt der Grundnutzen, bestehend aus einem bequemen und schnellen Transport. Das erweiterte Produkt umfasst die Innenausstattung, den Spritverbrauch, das Serviceangebot, die Beratung, etc.

Der Zusatznutzen lässt sich noch weiter unterteilen in einen sozialen (z.B. die Marke), emotionalen (z.B. das Aussehen) und funktionalen (z.B. PS-Anzahl) Aspekt. Kombiniert man den Grundnutzen mit den Zusatznutzen, erhält man den Gesamtnutzen des Produkts (Meffert, Burmann, & Kirchgeorg, 2012).

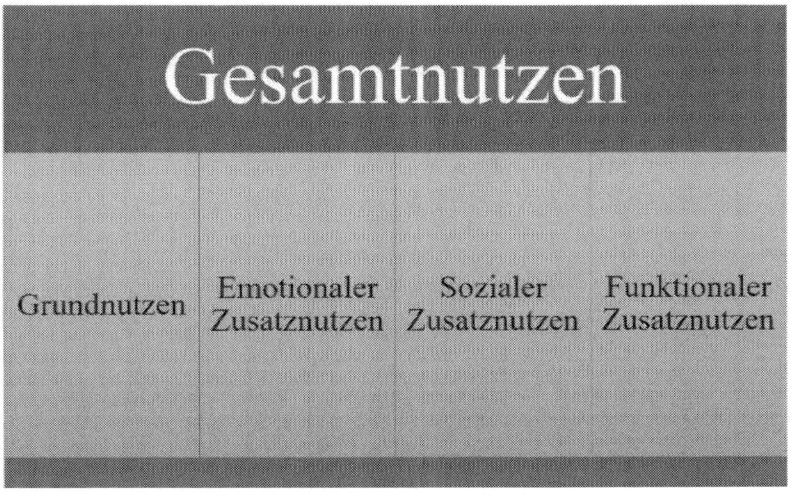

Abbildung 52: Der Gesamtnutzen eines Produkts, eigene Darstellung

In der Produktpolitik kann man in zwei verschiedenen Bereichen Entscheidungen treffen: Sortimentsbezogen und produktbezogen.

Video 24: Produktpolitik Einführung

Die Programm-/ Sortimentsgestaltung

Sie umfasst Maßnahmen, die das Sortiment und die Produktlinien betreffen und somit alle Produkte beeinflussen und gestalten. (Scharf & et al., 2012)

- Die Produktlinie: Besteht aus mehreren ähnlichen Artikeln; die auch Produktfamilien genannt werden.
- Das Sortiment: Verschiedene Produktlinien werden in einem Sortiment zusammengefasst.

Beispiel: Bei einem Getränkehersteller gibt es ein Getränkesortiment, das aus den Produktlinien „alkoholfreie Erfrischungsgetränke" und „alkoholische Getränke" besteht. Die alkoholfreien Getränke bestehen dann wiederum aus den Produktlinien „Limonaden" und „Fruchtsäfte". Die Produktlinie der alkoholischen Getränke unterteilt sich in Bier und Wein. Je weiter man die Produktfamilien aufteilt, desto mehr ähneln sich die Produkte.

Was genau kann man an einem Sortiment verändern (Grunwald & Schwill, 2019)?

- Tiefe: Die Anzahl der Artikel in den Produktlinien.
- Breite: Die Anzahl der Produktlinien im Sortiment.
- Homogenität: Wie groß sind die Gemeinsamkeiten der Produktlinien und schlussendlich der Produkte?

Welche operativen Entscheidungen kann man in Bezug auf die Programm- und Sortimentsgestaltung treffen (Schwill, 2009)?

- Konstanz: Das Angebot wird gleich gehalten und somit werden keine programmbezogenen Maßnahmen getroffen. Der Fokus könnte beispielsweise eher auf der Marktentwicklungsstrategie liegen (siehe Marktfeldstrategie).
- Erweiterung: Es findet eine Produktentwicklung statt. Das Angebot wird in der Tiefe und/oder Breite erweitert, was bedeutet, dass man vereinzelt neue Produkte in das Angebot aufnimmt (Tiefe) oder ganze Produktlinien ergänzt (Breite).
- Verringerung: Es erfolgt eine Spezialisierung in der Tiefe oder Breite des Sortiments. Man verringert sein Produktangebot, indem man einzelne Produkte oder ganze Produktfamilien entfernt.

Video 25: Die Produktpolitik – Teil 1

Die Produktgestaltung

Sie umfasst Maßnahmen, die das einzelne Produkt, seine materiellen und immateriellen Eigenschaften betreffen.

Die Maßnahmen beziehen sich auf die inneren und äußeren Werte des Produkts: (Scharf & et al., 2012)

- Die Produktqualität: Zur Produktqualität (innerer Wert) gehört das Qualitätsniveau und die Qualitätsbeständigkeit. Das Niveau ergibt sich aus der Summe aller positiven Eigenschaften, die das Produkt besitzt. Die Beständigkeit hingegen ist von der gleichbleibenden Qualität abhängig.
- Die Produktgestaltung: Die Produktgestaltung (äußerer Wert) besteht hauptsächlich aus dem Produktdesign und der Verpackung. Ein gutes Design lenkt die Aufmerksamkeit auf das Produkt, kann die Benutzerfreundlichkeit erhöhen und somit den Zusatznutzen verbessern. Durch effiziente Verpackungen (z.B. Ikea) können Produktionskosten eingespart werden.

Wenn man ein Produkt verändern will, sollte man sich überlegen, ob das die Produktqualität und/oder die Produktgestaltung betreffen soll. Je nachdem, welche Aspekte man verändert, nimmt man Einfluss auf den Gesamt- und/ oder Zusatznutzen.

Ein Produkt wird selten allein konsumiert. Dadurch entstehen verschiedene Kombinationsmöglichkeiten von Produkten, sogenannte Verbundgruppen. Der Kunde kauft also nicht nur ein einzelnes Produkt, sondern hat normalerweise eine Nachfrage an verschiedenen Produkten, die sich eventuell gegenseitig ergänzen. Das betrifft besonders den Konsumgüterbereich.

Man kann dabei in Bedarfs- und Nachfrageverbund unterscheiden: (Scharf & et al., 2012)

- Bei dem Bedarfsverbund sind mögliche Komplementärgüter gemeint: Das sind Güter, die gemeinsam nachgefragt werden, weil sie sich ergänzen, z.B. Brot und Butter.
- Bei dem Nachfrageverbund geht es dem Konsumenten darum, möglichst viele Einkäufe in einer Einkaufsstätte zu erledigen. So kann der Kunde Zeit sparen und den Beschaffungsaufwand verringern.

Bei der Gestaltung und Entwicklung von Produkten spielt der Markteintrittszeitpunkt eine große Rolle.

Hierbei gibt es Überschneidungsmöglichkeiten mit der Marktfeldstrategie und im Speziellen bei der Produktentwicklungsstrategie. Bei der Produktentwicklungsstrategie wurde in echte Innovationen, quasi Innovationen und Me-Too Produkte unterteilt. Wenn man mit einer echten Innovation der Erste auf dem Markt ist, hat diese Strategie andere operative Auswirkungen, als wenn man ein Me-Too Produkt entwickelt.

Als Pionier spricht man Kunden an, die Innovationen mögen und bereit sind Neues auszuprobieren. Man hat den Vorteil einer Monopolstellung, bis der erste Konkurrent mit einem ähnlichen Produkt folgt. Man kann als Erster Erfahrungen am Markt und mit der Zielgruppe sammeln und diese Informationen wieder für die Analysephase nutzen. (Porter, 2008)

Versucht man, ein Me-Too Produkt zu entwickeln, kann man aus den Fehlern des Pioniers lernen. Das bestehende Produkt wird dabei kopiert und in einigen Aspekten verändert bzw. verbessert.

Video 26: Die Produktpolitik - Teil 2

Zusammenfassung der Produktpolitik: Drei Punkte sollten bei der Produktpolitik beachtet werden: Der Zeitpunkt, das Ausmaß und die Verbundheit.

Der Zeitpunkt beschreibt den Markteintrittszeitpunkt: Möchte man als Pionier eine echte und neue Innovation auf den Markt bringen oder lieber später Me-Too Produkte entwickeln?

Das Ausmaß steht für die Intensität der Veränderung in der Sortiments- und Produktgestaltung: Möchte man ganze Produktlinien verändern? Soll die Produktgestaltung oder die Qualität verändert werden?

Zuletzt stellt die Verbundheit die Frage nach eventuellen Komplementärgütern oder Produkten, die zusammen nachgefragt werden.

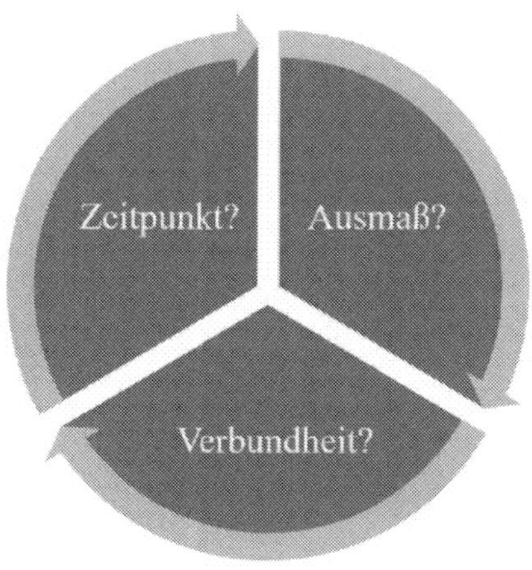

Abbildung 53: Übersicht Produktpolitik, eigene Darstellung

Die Preispolitik

Die Preispolitik ist, neben der Produktpolitik, für die Kunden das offensichtlichste Merkmal. Preise legen den Wert für ein Produkt fest. Durch bestimmte Marketingstrategien, z.B. vermehrte Preispositionierung oder Wettbewerbsorientierung, kann es zu einem Preiskampf kommen.

Was sind weitere Gründe, die zu einem Preiskampf führen? (Simon & Fassnacht, 2009) & (Diller, 2003)

- Die Globalisierung schreitet fort und somit gibt es auch mehr Wettbewerb für die Unternehmen.
- Gesättigte Märkte: Es gibt meist mehr Verkäufer als Käufer (Käufermärkte).
- Gleichartige Produkte, die sich kaum unterscheiden. Viele Unternehmen haben eine ähnliche Marketingstrategie.
- Preisvergleiche im Internet machen es dem Konsumenten sehr einfach zu erkennen, ob ein Preis fair festgesetzt ist.

Welche Eigenschaften besitzt der Preis bzw. welche Besonderheiten sind zu beachten? (Homburg, Grundlagen des Marketingmanagements. Einführung in Strategie, Instrumente, Umsetzung und Unternehmensführung, 2012)

- Schwer revidierbar: Referenzpreise werden in den Köpfen der Kunden festgesetzt und gespeichert. Die Kunden verbinden mit einem Produkt einen festen Gegenwert. Ist dieser Geldwert gespeichert, lässt er sich nur schwer wieder in den Köpfen der Kunden ändern.

- Flexibel: Preise können schnell und einfach geändert werden.
- Wirkungsstark: Preise beeinflussen direkt die Kaufentscheidung. Der Wert kann direkt erhöht werden indem man den durch die Preissenkung empfundenen Schmerz, verringert.

Bei der Preisfestlegung werden oftmals die gleichen Fehler gemacht: (Scharf & et al., 2012)

- Preise werden zu schnell nach unten korrigiert. Dadurch speichert der Kunde immer wieder einen neuen niedrigeren Referenzpreis.
- Die Preisfestsetzung erfolgt kosten- und nicht wertorientiert.
- Die Preise werden falsch angepasst und nicht genau geprüft.

Preise können nicht beliebig festgelegt werden, sondern befinden sich in einem festen Rahmen, der einen Minimal- und Maximalpreis vorgibt. Der Minimalpreis ist der Preis, der noch knapp die Kosten decken würde. Der Maximalpreis ist der Preis, welcher der letzte Kunde noch höchstens für das Produkt zu bezahlen bereit wäre. Die Marketingstrategien und die Preispolitik sorgen, abseits der wirtschaftswissenschaftlichen Erkenntnisse, dafür, dass sich der Preis irgendwo zwischen dem Maximal- und Minimalpreis befindet.

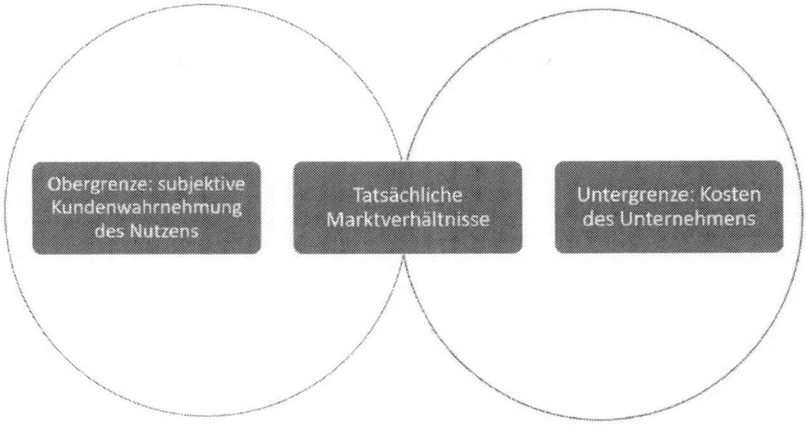

Abbildung 54: Preisfindung am Markt, eigene Darstellung

Video 27: Die Preispolitik – Teil 1

Preisfestsetzungsstrategien für neue Produkte

Ein Unternehmen sollte den Preis danach festlegen, wie der Wert des Produkts von dem Kunden wahrgenommen wird. Die Kundenbedürfnisse müssen analysiert werden, um zu verstehen, wie die Wertwahrnehmung der Kunden aussieht. Ist der Nutzen des Produkts besonders groß, kann auch ein entsprechend höherer Preis festgelegt werden. Viele Unternehmen können anstelle der Preissenkung auch das Angebot durch Sekundärdienstleistungen, z.B. Rückgaberecht, Kundenservice, etc., verbessern (= value-added-Preisstrategie). Alles bleibt in Abhängigkeit von der Wertformel: Im Verhältnis soll der Nutzen den Schmerz übersteigen.

In der Preispolitik gibt es zwei konkrete Preisfestsetzungsstrategien für neue Produkte. Die operative Entscheidung, welche verfolgt werden soll, ist wieder von den vorherigen Schritten im Marketingplan abhängig (Kotler & et al., 2007).

Skimmingstrategie	Penetrationstrategie
Hohe Anfangspreise	Niedrige Anfangspreise
Höchstmögliche Marge	Höchstmöglicher Umsatz
Innovatoren und Early Adopters sollen angesprochen werden.	Die größtmögliche Zielgruppe soll angesprochen werden.
In Zukunft neue Preissetzung Schritt für Schritt	Skaleneffekte sollen genutzt werden. (Economy of Scale)
Möglich bei Kunden mit hohem Kaufinteresse, Die Strategie benötigt einen hohen relativen Produktnutzen, Man kann einen Burggraben durch Qualität und Preis aufbauen.	Möglich bei preissensiblen Kunden anzuwenden, Die Produktion wird optimiert, um das Produkt so günstig wie möglich anzubieten. (Kostenvorteile), Der Burggraben ist der Niedrigpreis.

Abbildung 55: Preisfestsetzungsstrategien, eigene Darstellung

Die Preisdifferenzierung

Die einfachste Methode, um einen differenzierten Preis festzulegen, besteht darin, einen hohen Preis für qualitativ hochwertige Produkte zu verlangen. Dabei werden bereits unterschiedliche Zielgruppen angesprochen. Über den Preis wird nicht nur der Wert des Produkts festgelegt, es besteht außerdem die Möglichkeit sich vom Wettbewerb abzugrenzen. Der Preis dient also auch als eine einfache Form der Differenzierung.

In der Segmentierungsstrategie wurde bereits beschrieben, dass man unterschiedliche Zielgruppen bilden kann. Diese Theorie kommt jetzt zur Anwendung: Das Ziel der Preisdifferenzierung ist es, die Konsumentenrendite über verschiedene Preise optimal abzuschöpfen. Preise sollen an den verschiedenen Segmenten variiert werden, um auf die Besonderheiten der Segmente einzugehen. Der Preis soll so nah wie möglich an dem Preis festgesetzt werden, den die Kunden maximal zu zahlen bereit wären. (Homburg, 2012)

Da der Höchstpreis je nach Kunde variiert, verändert man die Preise, um für jeden Kunden den passenden Preis zu bestimmen. Die Möglichkeiten der Preisdifferenzierung sind: (Bruhn, 2012) & (Scharf & et al., 2012)

1) Zeitliche Preisdifferenzierung

Der Preis wird am Zeitpunkt der Nutzung variiert. Beispielsweise wird der Preis an die Jahres- oder Tageszeit oder auch an den Lebenszyklus des Produkts angepasst.

2) Räumliche Preisdifferenzierung

Die Kaufkraft der Zielgruppe unterscheidet sich vor allem auf globalen Märkten. Hier sollte man die Preise an die Kaufkraft der regionalen Zielgruppe anpassen.

3) Persönliche Preisdifferenzierung

Es werden verschiedene Preise für verschiedene Bevölkerungsgruppen angeboten, beispielsweise bekommen Studenten oder Rentner häufig einen Rabatt.

4) Quantitative Preisdifferenzierung

Kauft der Kunde eine große Menge des Produkts, kann er einen Mengenrabatt bekommen.

5) Preisbündelung im Angebot

Mehrere Produkte aus dem Sortiment werden zusammen in einem Angebot verpackt. Es wird für den Kunden schwieriger, die Preise der einzelnen Komponenten mit anderen Angeboten zu vergleichen („Verschleierung des Preises"). Die zusammengefassten Produkte sollten aber im Konsum auch zusammenpassen.

6) Preisdifferenzierung bei Dienstleistungen

Das Ziel besteht in der Gewinnmaximierung durch eine Ausbuchung der Dienstleistung. Dienstleistungen kann man nicht lagern. Sie würden eventuell verfallen, wenn sie nicht zu einem bestimmten Zeitpunkt nachgefragt werden.

Die Kapazitäten sind meistens nicht kurzfristig änderbar und es gibt hohe Fixkostenanteile. Auch ein nicht voll ausgelastetes Flugzeug hebt normalerweise ab, daher sind Lastminute-Angebote zu empfehlen, um die Maschine doch noch vollauslasten zu können. Die Preisdifferenzierung soll dabei helfen die Kapazitäten zu steuern. Der Preis wird also an den Zeitpunkt des Kaufs angepasst.

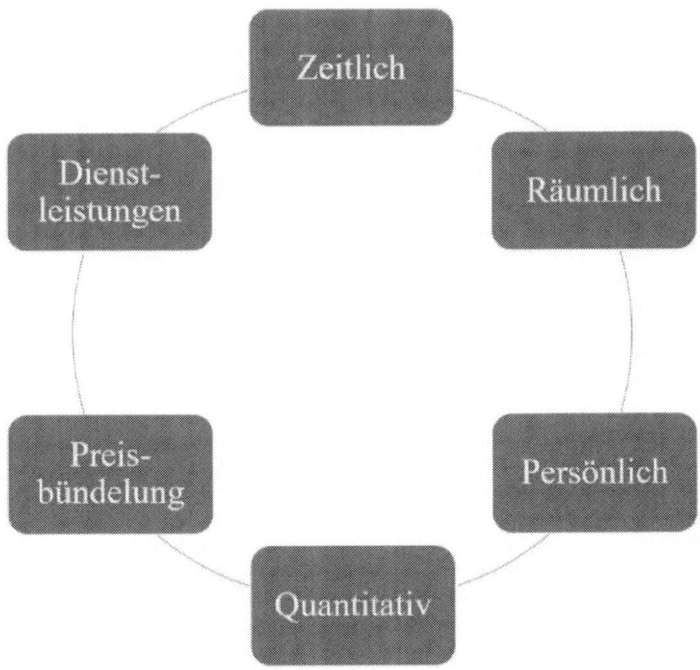

Abbildung 56: Die Preisdifferenzierung, eigene Darstellung

Preisfestsetzungsstrategien für bestehende Produkte

Im operativen Geschäft stellt sich des Öfteren die Frage, ob die Preise noch korrekt festgesetzt sind oder optimiert werden können. Ein Preis wird nicht nur einmalig zu Beginn der Preisfeststellung kalkuliert (Preisfestsetzungsstrategien), sondern auch im laufenden Geschäft immer wieder angepasst.

Hierbei gibt es drei verschiedene Ansätze, den optimalen Angebotspreis zu finden und immer wieder neu zu bestimmen: Die kostenorientierte, nachfrageorientierte und wettbewerbsorientierte Preisfestsetzung.

1) Kostenorientierung

Auf der einen Seite kann man alle anfallenden Kosten (Produktion, Personal, Marketing, etc.) zusammenfassen und auf die Produkte gleichmäßig verteilen (= Vollkostenmethode); auf der anderen Seite kann man die Kosten in variable und fixe Kosten aufteilen und die Kosten somit individuell auf die Produkte verteilen (= Teilkostenmethode). (Pechtl, 2005)

Die Vollkostenmethode ist natürlich einfacher zu handhaben, man findet schneller eine Entscheidung und hat somit weniger Aufwand in der Kostenberechnung. Dafür kann es sein, dass Produkte mit Kosten belastet werden, die sie gar nicht verursacht haben. Diese Methode ist wesentlich ungenauer als die Teilkostenmethode. (Pechtl, 2005) Werden die Kosten gleichmäßig verteilt, gleichen sich die Preise zwischen den Produkten auch immer mehr an. Die Preisdifferenzierung wird erschwert.

2) Nachfrageorientierung und Verhaltenswissenschaft

Bei der klassischen Preistheorie geht man davon aus, dass mit der Erhöhung eines Preises auch die Nachfrage sinkt. Diese Preis-Absatz-Funktion steht für den Zusammenhang zwischen der Höhe des Preises und der Nachfrage der Kunden. (Scharf & et al., 2012) Auch bei diesem verhaltenswissenschaftlichen Modell sollte die psychologische Komponente nicht fehlen, da psychische Prozesse bei der subjektiven Bewertung von Preisen ebenso eine relevante Rolle spielen.

Aus dieser Sichtweise entstanden einige wichtige Begriffe in der Preispolitik:

Preisinteresse: Das Bedürfnis des Kunden nach Preisinformationen zu suchen und diese bei seiner Kaufentscheidung zu berücksichtigen. (Diller, Preispolitik, 2008) Der Kunde vergleicht Preise vor dem Kauf und von diesem Merkmal hängt ab, ob die Zielgruppe überhaupt auf die Preispolitik reagiert.

Würde sich der Kunde nicht für den Preis interessieren und sowieso kaufen, weil die Produkte nützlich für ihn sind, lohnt sich auch keine preisbezogene Werbung. Das ist beispielsweise bei Luxusartikeln der Fall.

Preisgünstigkeit: Die Preisgünstigkeit bezeichnet den Vergleich des eigenen Preises mit denen vergleichbarer Konkurrenzprodukte. Welches ähnliche Produkt ist günstiger, welches teurer? (Scharf & et al., 2012)

Preiswürdigkeit: Ist das Produkt den Preis, den es bekommen hat, würdig? Bekommt man für den Preis, den man zahlen muss, auch eine entsprechende Leistung? Der Preis wird in Vergleich zum Nutzen gesetzt. (Scharf & et al., 2012)

Viele Kunden setzen den Preis mit der Qualität in Verbindung, obwohl dieser (objektiv gesehen) erst einmal nichts mit der Qualität zu tun hat. Es gibt bestimmte Merkmale, bei denen diese preisabhängige Qualitätsbeurteilung besonders ausgeprägt ist: (Simon & Fassnacht, 2009)

- Wenn das Produktwissen der Konsumenten gering ist.
- Wenn es viele Qualitätsunterschiede gibt.
- Wenn der Kunde keine anderen Qualitätskriterien zur Auswahl hat.
- Wenn der Kunde risikoscheu entscheiden möchte.
- Wenn die Produkte und folglich auch die Preise schwer vergleichbar sind. (siehe Preisbündelung)

3) Wettbewerbsorientierung

Bevor man den Preis wettbewerbsorientiert festsetzen kann, muss man natürlich den Markt richtig abgrenzen. Je nachdem wie man den Markt abgrenzt, kann man eine ganz andere Wettbewerbssituation vorfinden. Grundsätzlich kann man sich in der Preisfestsetzung friedlich oder feindlich verhalten: (Gutenberg, 1984)

- Wirtschaftsfriedliches Verhalten: Ein geordneter Preiswettbewerb und die Realisierung eigener ökonomischer Ziele steht im Vordergrund.
- Kampfverhalten: Das Ziel ist es, der Konkurrenz durch sehr niedrige Preise zu schaden und so zu versuchen, diese vom Markt zu verdrängen. Die angesprochenen Preiskämpfe entstehen.

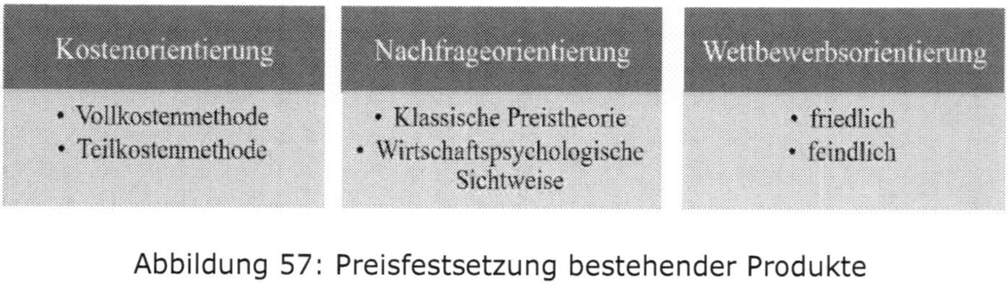

Abbildung 57: Preisfestsetzung bestehender Produkte

Die Konditionenpolitik

Bei der Preispolitik stehen die Preise natürlich immer im Vordergrund, doch auch die Konditionen spielen im operativen Geschäft eine große Rolle. Die Konditionenpolitik besteht aus den Rabatten, den Absatzkrediten und den Lieferungs- und Zahlungsbedingungen.

Ziel ist es (ähnlich wie bei der Preisdifferenzierung) unterschiedliche Zahlungsbereitschaften zu bedienen, Anreize für den Kauf zu schaffen sowie die Abgrenzung vom Wettbewerb zu ermöglichen. (Meffert, Burmann, & Kirchgeorg, 2012)

1) Rabattpolitik

Rabatte sind Preisnachlässe, die den Preis an der Kasse (Transaktionspreis) senken. Es gibt dabei eine Vielzahl von unterschiedlichen Rabattarten: (Schaper, 2017)

- Funktionsrabatt: Den Händlern wird ein Rabatt gewährt, da diese eine wichtige Funktion für das Unternehmen einnehmen. Der Funktionsrabatt kann auch an Logistikfirmen vergeben werden.
- Mengenrabatt: Preisnachlässe für große Bestellmengen.
- Barzahlungsrabatt (Skonto): Ein Rabatt für eine frühzeitige Bezahlung des Preises.
- Zeitrabatt: Zu bestimmten Bestellzeitpunkten kann Rabatt gewährt werden. Beispielsweise gibt es oftmals einen Produkteinführungsrabatt.
- Treuerabatt: Dient der Sicherung von langfristigen Geschäftsbeziehungen.

2) Absatzkredit

Beim Absatzkredit handelt es sich um eine längerfristige Aufschiebung des Kaufpreises. (Scharf & et al., 2012)

Wenn bei dem Kunden das Bedürfnis vorhanden ist, die Kaufkraft aber fehlt, kann der Absatzkredit für den nötigen Bedarf sorgen und gleichzeitig das Absatzvolumen steigern.

Die Preise eines Ratenkredites werden anders wahrgenommen als ein Gesamtpreis. Kleine monatliche Beträge haben eine andere Wirkung als ein Gesamtpreis, der eine größere Hürde darstellt.

Zusätzlich ergibt sich die Möglichkeit, mit den zurückgezahlten Zinsen einen zusätzlichen Ertrag zu erzielen. Auch Leasing fällt unter diese Kategorie.

3) Lieferungs- und Zahlungsbedingungen

Die Lieferungs- und Zahlungsbedingungen sind Bestandteil eines Kaufvertrags und stehen in den AGB.

Die Lieferungsbedingung regelt dabei die Lieferzeit und den Ort der Lieferung. In den Zahlungsbedingungen sind die Art und der Zeitpunkt der Zahlung beschrieben. (Scharf & et al., 2012) Soll die Zahlung beispielsweise per Rate oder in bar erfolgen?

Video 28: Die Preispolitik – Teil 2

Zusammenfassung der Preispolitik: Preise ergeben sich nur in der Relation zu anderen Preisen oder zum gespeicherten Referenzpreis. Nicht der objektive Preis ist entscheidend, sondern dessen Vergleich mit anderen Preisen und die individuelle Wahrnehmung davon.

Preise können sowohl für neue als auch bestehende Produkte nach verschiedenen Strategien festgelegt werden. Nicht nur die Preise sind in der Preispolitik entscheidend, sondern auch die gesamte Konditionenpolitik. Die einzelnen Teilbereiche der Preispolitik sollten dabei nicht getrennt betrachtet werden. Die Rabattpolitik könnte genauso gut auch der Preisdifferenzierung zugeordnet werden.

Die Distributionspolitik

Mit Ausnahmen vieler Dienstleistungen fallen Produktion und Konsum auseinander. Die Distribution stellt diese Verbindung zwischen Produzenten und Konsumenten her. Die Distributionspolitik klärt die Frage, was man tun muss, damit die Produkte zum Käufer kommen.

Warum ist die Distributionspolitik so bedeutsam?

- Marktorientierung: Der Kunde möchte die Produkte schnell und einfach geliefert bekommen. Dafür benötigt man ein geeignetes Distributionsnetzwerk.
- Effizienz: Bei der Lieferung und Lagerhaltung lassen sich viele Kosten einsparen. Es ist wichtig zu erkennen, wo man die Effizienz und Effektivität in der Distribution steigern kann.
- Vertrieb: Auch im Digitalzeitalter spielt der persönliche Kontakt eine wichtige Rolle, besonders bei erklärungsbedürftigen Produkten ist ein Vertrieb notwendig.
- Wettbewerbsvorteil: Mithilfe der Distributionspolitik kann man sich vom Wettbewerb differenzieren.

Was sind die Besonderheiten in der Distributionspolitik? (Ahlert, 1996)

- Es handelt sich um langfristige und strategische Entscheidungen, die schwer revidierbar sind.
- Die Lieferungs- und Händlerverträge werden meist langfristig abgeschlossen.
- Der Regalplatz beim Händler ist begrenzt. Gute Geschäftsbeziehungen spielen eine wichtige Rolle.

- Die persönliche Kommunikation ist stark ausgeprägt, z.B. beim persönlichen Vertrieb.

In der Distributionspolitik gibt es zwei große Entscheidungsbereiche bzw. Themenkomplexe: (Bruhn, 2012)

- Akquisitorische Distribution: Sie beinhaltet die Distributionswege und -organe sowie die Vertriebspolitik. Auf welchen Wegen (Distributionswege) können die Produkte vertrieben werden und welche Unternehmen (Distributionsorgane) spielen dabei eine Rolle?
- Physische Distribution: Das Logistiksystem, so wird die physische Distribution auch genannt, besteht aus Lagerung, Transport und Verpackung. Wie gut ist der Lieferservice?

Vor der Klärung der Entscheidungsbereiche ist es wichtig, die Distributionsziele verstehen. Die Ziele lassen sich auf die beiden Bereiche akquisitorische und physische Distribution aufteilen: (Scharf & et al., 2012)

- Akquisitorische Distribution: Es gibt psychologische (Kooperationen mit den Distributionsorganen pflegen, Imagepflege) und entscheidungsorientierte (Wahl der Distributionswege und Gewinnung der Distributionsorgane) Ziele.
- Physische Distribution: Es gibt ökonomische (Marktanteile gewinnen, Absatzmenge steigern) und versorgungsorientierte (Verfügbarkeit der Produkte erhöhen, Beschaffungsaufwand verringern) Ziele.

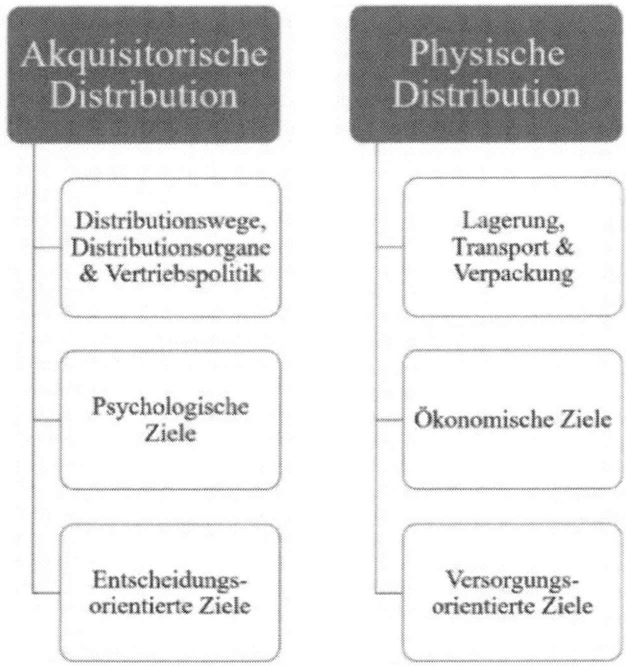

Abbildung 58: Überblick Distributionsbereiche, eigene Darstellung

Video 29: Die Distributionspolitik – Teil 1

Die akquisitorische Distribution

Die akquisitorische Distribution besteht, wie bereits beschrieben, aus Distributionswegen und Distributionsorganen.

Der Distributionsweg wird in den direkten und indirekten Distributionsweg unterteilt: (Specht & Fritz, 2005)

- Steht das Unternehmen im direkten Kontakt mit dem Kunden, so handelt es sich um einen direkten Vertriebsweg.
- Vertreibt das Unternehmen die Produkte über Absatzmittler (s.u.), so handelt es sich um einen indirekten Distributionsweg. Das Unternehmen hat beim indirekten Distributionsweg keinen persönlichen Kontakt mehr zum Kunden.

Beispiel: Liefert ein Lebensmittelhersteller seine Produkte an einen Supermarkt, übernimmt der Händler die weitere Distribution. Kauft der Kunde dann im Supermarkt ein, haben der Kunde und der Lebensmittelhersteller keinen direkten Kontakt mehr.

Die Distributionsorgane lassen sich in eigene und fremde Distributionsorgane unterteilen: (Scharf & et al., 2012)

- Eigene Distributionsorgane sind alle Personen, die an das Unternehmen gebunden sind. Diese Personen erfüllen eine akquisitorische Aufgabe für das Unternehmen.
- Überträgt das Unternehmen akquisitorische Aufgaben an Personen oder Unternehmen, die nicht an das Unternehmen gebunden sind, sind diese Personen fremde Distributionsorgane.

Die fremden Distributionsorgane kann man noch unterscheiden in Absatzmittler und Absatzhelfer: (Treis, 2003)

- Absatzmittler: Sind wirtschaftlich und rechtlich selbstständige Unternehmen. Diese Distributionsorgane kaufen und verkaufen die Produkte unter eigenem Namen und Rechnung und handeln selbstständig.
- Absatzhelfer: Sind bei der Erfüllung von Distributionsaufgaben behilflich. Diese Distributionsorgane haben keine Eigentumsrechte am Produkt und sind an das Unternehmen gebunden.

Beispiel: Besitzt ein Unternehmen ein eigenes Vertriebsteam mit Handelsvertretern, so ist der Vertrieb Teil der eigenen Distributionsorgane. Verkauft das Unternehmen die Produkte an einen Großhändler, ist der Großhandel ein fremdes Distributionsorgan.

Die operativen Entscheidungen in der Distributionspolitik betreffen teilweise die richtige Wahl dieser Vertriebsformen: Soll die Distribution direkt oder indirekt und über eigene oder fremde Organe stattfinden?

Direkter Vertrieb	Indirekter Vertrieb
Er bietet sich bei komplexen Produkten, z.B. im B2B-Bereich, an.	Der indirekte Vertrieb bietet sich bei Konsumgüter an.
Es gibt eine geringe Zahl der Endabnehmer. Diese wollen beraten werden (Vertriebsteam notwendig).	Es gibt Massenmärkte mit vielen geographisch verstreuten Kunden.
Hier ist eine Vertriebskompetenz wichtig, die auf die individuellen Ansprüche der Kunden eingeht.	Es gibt gleichartige Distributionslösungen für eine große Anzahl an Kunden.
Der Wettbewerbsvorteil entsteht durch die Fähigkeiten und Fertigkeiten der eigenen Distributionsorgane.	Der Wettbewerbsvorteil entsteht durch effiziente und effektive Distribution sowie gute Beziehungen zum Händler.
Die Kunden werden eventuell persönlich besucht. Eine Geschäftsbeziehung entsteht, durch den persönlichen Kontakt der Kunden zum Vertriebsteam.	Der Produzent des Produkts hat keinen Kontakt zum Endabnehmer. Der Einzel- oder Großhändler übernimmt den weiteren Verkauf und Kontakt zum Kunden.

Abbildung 59: Ein Vergleich der Vertriebsformen, eigene Darstellung, Quelle: vgl. (Scharf & et al., 2012)

Oftmals kommt es dazu, dass die Unternehmen und die Einzel- und Großhändler nicht Hand in Hand arbeiten. Das liegt daran, dass sie unterschiedliche Interessen und Ziele haben: (Ahlert, 1996)

- Der Hersteller möchte ständig neue Innovationen vertreiben, der Händler möchte Produkte mit sicheren Erfolgsaussichten.
- Der Hersteller möchte eine bekannte Marke aufbauen, der Händler die Einkaufsstätte verbessern.
- Der Hersteller möchte niedrige Handelsrabatte geben, der Händler möglichst gute Konditionen.
- Der Hersteller möchte feste Lieferverträge,

  der Händler möchte flexible Lieferungen nach seinem Bedarf.
- Der Hersteller macht meist inter- oder nationale Werbung, der Händler macht regionale Werbung.

Die physische Distribution

Die physische Distribution ist das Logistiksystem, das die Güterverteilung vornimmt.

Dieses Logistiksystem besteht aus: (Scharf & et al., 2012)

- Auftragsabwicklung: Wie werden die Auftragsdaten erfasst und die Informationen verteilt?
- Lagerhaltung: Dient zur Überbrückung der zeitlichen Lücke zwischen Produktion und Auslieferung der Produkte.
- Verpackung: Der Schutz und die Kennzeichnung der Produkte.
- Transport: Welche Transportmittel werden verwendet? Welche Leistung soll die Spedition übernehmen?
- Redistribution: Wie soll der Rücktransport defekter Produkte erfolgen? Wie werden alte Produkte entsorgt?

Zur Kontrolle der physischen Distribution gibt es den Lieferservice, ein Schlüsselbegriff, der etwas über die Güte der physischen Distribution aussagt. Der Lieferservice ist mittlerweile ein wichtiges Kriterium bei der Kaufentscheidung. Er ist somit auch ein Faktor, der die Wertformel im Marketing direkt beeinflusst. Der Lieferservice besteht aus: (Pfohl, 2018)

- Lieferzeit: Darunter versteht man die Schnelligkeit der Lieferung.
- Lieferbereitschaft: Eine rechtzeitige Lieferung muss durch einen ausreichenden Warenbestand gesichert sein (Verfügbarkeit).

- Lieferbeschaffenheit: Die Bestellung muss in gewünschter Art und Weise sowie in der bestellten Menge geliefert werden.
- Lieferflexibilität: Der Lieferservice sollte auf die individuellen Kundenwünsche eingehen können.

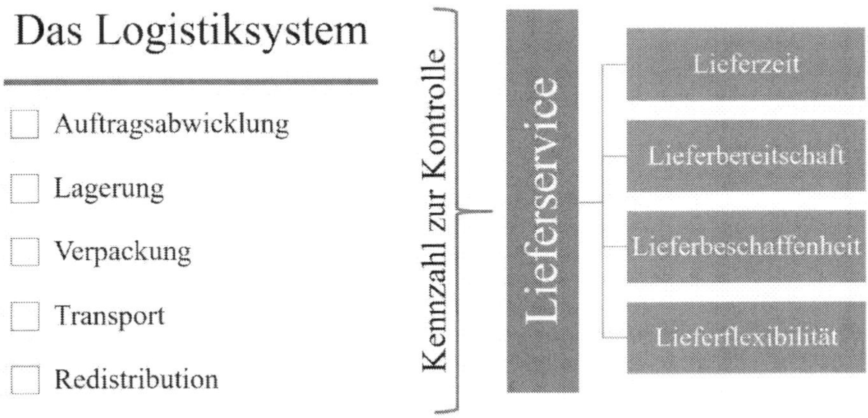

Abbildung 60: Die physische Distribution, eigene Darstellung

Zusammenfassung der Distributionspolitik: Die Distribution schließt die Lücke zwischen Produktion und Konsum. Da es hierbei zu Kontaktpunkten mit dem Kunden kommt, beeinflusst auch die Distributionspolitik den empfundenen Nutzen und Schmerz des Kunden bei der Kaufentscheidung. Auf der einen Seite kann der Nutzen, z.B. durch eine schöne Verpackung und gute Beratung, gesteigert werden, auf der anderen Seite kann der empfundene Schmerz, z.B. durch eine schnelle und zuverlässige Lieferung verringert werden.

Gerade die Just-in-Time-Lieferung, also die Produktion und Lieferung auf die explizite Bestellung des Kunden, bietet Kostenvorteile. Durch die Digitalisierung können die Lieferketten vereinfacht und verkürzt werden. Das Zusammenspiel zwischen Produktion und Lieferung funktioniert besonders effizient.

Video 30: Die Distributionspolitik – Teil 2

Die Kommunikationspolitik

Die Kommunikationspolitik ist die letzte der hier im Buch vorgestellten Marketingmaßnahmen. Die Produkte und das Unternehmen sollen sichtbar gemacht werden. Mit dieser Marketingmaßnahme kommt der Kunde am häufigsten in Kontakt.

Kommunikation ist das Versenden von verschlüsselten Botschaften vom Versender zum Empfänger. Das Unternehmen sendet im Bereich des Marketings eine Botschaft an den Kunden aus, die der Kunde anschließend entschlüsselt und individuell interpretiert. (Kotler, Armstrong, Saunders, & Wong, 2007) Diese Botschaft soll eine bestimmte Reaktion, z.B. den Kauf des Produkts oder eine Steigerung der Beliebtheit des Unternehmens beim Kunden auslösen.

Gerade weil die Kommunikationspolitik so wichtig ist, sollte man sich ausgiebig mit den aktuellen Herausforderungen dieser Marketingmaßnahme beschäftigen. Aktuelle Herausforderungen sind: (Scharf & et al., 2012)

- Der Kunde ist immer öfter überfordert: Es gibt eine steigende Informationsmenge, die er nicht vollständig für seine Kaufentscheidung verwenden kann.
- Der Kunde hat nicht viel Zeit zum Einkaufen und möchte sich nicht ausgiebig mit den Produkten des Unternehmens auseinandersetzen.
- Es gibt immer mehr unterschiedliche Informationsquellen, die der Kunde nutzen kann, um sich über die Produkte zu informieren.
- Viele Produkte und deren Unternehmen unterscheiden sich nicht. Der Kunde weiß nicht, für welches Produkt er sich entscheiden soll.

Damit ein Unternehmen nicht wahllos und ohne Ziel zu kommunizieren und auf sich aufmerksam zu machen versucht, ist es notwendig eine bestimmte Orientierung zu haben.

Die Kommunikationsorientierungen

Die Besonderheit der Kommunikationspolitik ist, dass sie sich in den meisten Fällen an einer konkreten Herausforderung orientiert. Es gibt eine Problemstellung im Marketing, die u.a. mithilfe der Kommunikationspolitik zu lösen versucht wird. Betrachtet werden nun einige dieser Herausforderungen bzw. Orientierungsmöglichkeiten:
(Scharf & et al., 2012)

1) Die Orientierung am Produktlebenszyklus

Wie in der Analysephase beschrieben, durchläuft ein Produkt verschiedene Lebensphasen. Je nach Lebensphase benötigt man andere kommunikationspolitische Maßnahmen.

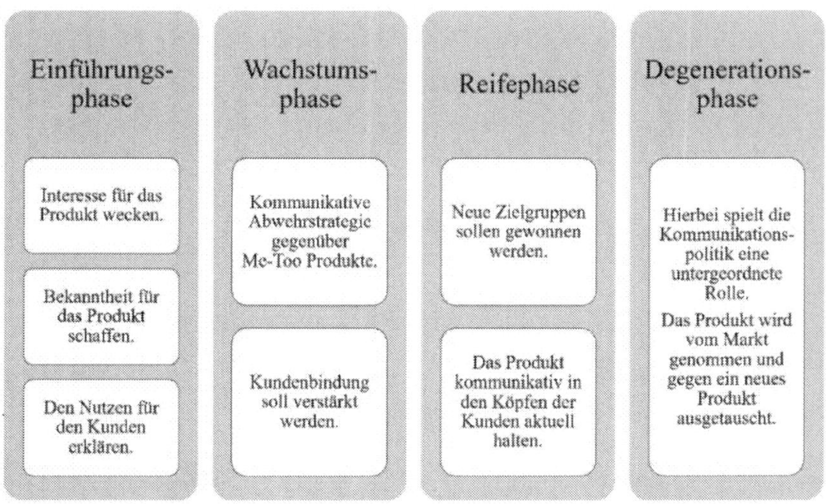

Abbildung 61: Die Kommunikationsmaßnahmen am Produktlebenszyklus orientieren, eigene Darstellung

2) Die Orientierung an anderen Marketingmaßnahmen

Weitere Möglichkeiten der Ausrichtung bieten die anderen Marketingmaßnahmen. Die Kommunikationspolitik kann die anderen Maßnahmen unterstützen, deren Aktivitäten bekannt machen und bewerben.

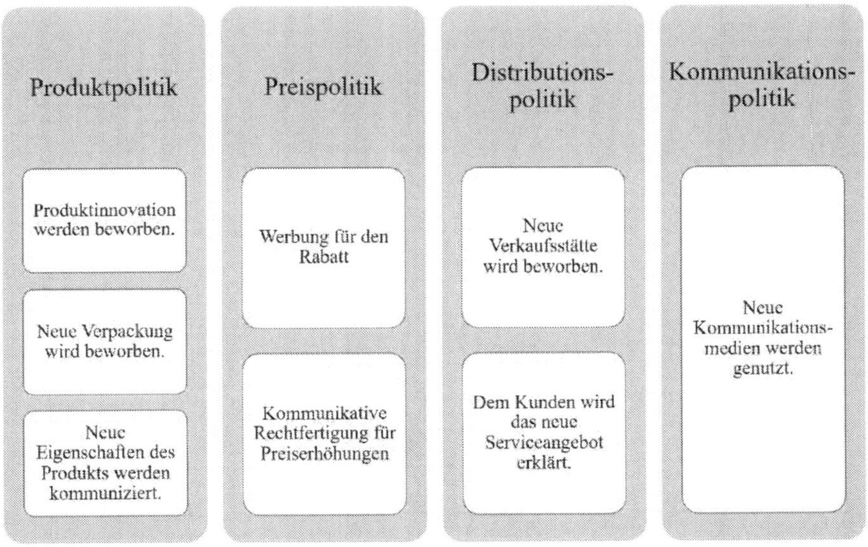

Abbildung 62: Die Kommunikationsmaßnahmen am Marketingmix orientieren, eigene Darstellung

3) Die Orientierung an aktuellen Herausforderungen

Die letzte im Buch vorgestellte Möglichkeit bezieht sich auf die Kommunikation während besonderen Situationen oder schwierigen Herausforderungen. Ein Unternehmen muss eventuell schnell auf die Aktionen der Wettbewerber reagieren. Des Weiteren kann es passieren, dass ein Kunde eine schlechte Produktbewertung ins Internet stellt, auf die sofort reagiert werden muss. Gibt es Skandale, die das Unternehmen betreffen, wird das Unternehmen dazu Stellung beziehen müssen.

All diese Faktoren sind Ereignisse, die eine schnelle Reaktion seitens der Marketingabteilung erfordern. Es ist die Aufgabe der Kommunikationspolitikschnell zu handeln, u.a. über Social Media.

Nach der Einführung in die Kommunikationspolitik stellt sich nun die Frage, welche Marketingaktivitäten man im operativen Geschäft der Kommunikationspolitik nutzen kann. Die Kommunikationsmaßnahmen unterscheiden sich dabei in der Sichtbarkeit. Manche Maßnahmen der Kommunikationspolitik sind für jeden Kunden spürbar, andere sind sehr subtil und kaum zu bemerken. Diese Unterscheidung führt zu der Unterteilung in Above-the-Line und Below-the-Line Maßnahmen. (Esch F.-R., 2012) & (Schweiger & Schrattenecker, 2009)

Video 31: Die Kommunikationspolitik- Teil 1

Above-the-Line-Maßnahmen

Above-the-Line-Maßnahmen sind Kommunikationsaktivitäten, die für jeden Kunden erkennbar sind. Es sind die klassischen Formen der Medienwerbung und Öffentlichkeitsarbeit. Werbung dient dabei der Verbreitung von Informationen. Zu den Above-the-Line Maßnahmen gehört: (Scharf & et al., 2012)

<u>Die klassische Werbung:</u> Verschiedene Massenkommunikationsmittel werden eingesetzt. Diese Medien sind meistens unpersönlich und umfassen Zeitungsanzeigen, Fernsehwerbung, Plakate, etc.

<u>Die direkte Werbung</u>: Diese zielt auf eine persönliche und direkte Ansprache der Zielgruppe ab. Es werden Segmente gebildet, die untereinander ähnliche Eigenschaften besitzen und mit der gleichen Werbung angesprochen werden können.

<u>Die Onlinewerbung:</u> Es gibt eine zunehmende Nutzung des Internets durch die Konsumenten, wodurch sich auch neue Formen der Werbung ergeben (z.B. Social Media Marketing). Die Onlinewerbung hat besondere Eigenschaften: Sie besitzt eine direkte Feedbackmöglichkeit (Echtzeitkommunikation), gezielte Werbung, globales Targeting und verbessertes Controlling.

<u>Die Öffentlichkeitsarbeit</u>: Bei der Zielgruppe sollen positive Reaktionen gegenüber dem Unternehmen ausgelöst werden. Im Mittelpunkt steht das Unternehmen als Ganzes und nicht seine Produkte. Die Öffentlichkeitsarbeit gibt Informationen von Unternehmenstätigkeiten an Interessierte weiter. Maßnahmen hierbei sind: Stiftungstätigkeiten, Vergabe von Forschungsaufträgen, Nachhaltigkeitsprojekte, Veranstaltungen, Wohltätigkeitsprojekte, etc.

Das interne Marketing: Das interne Marketing wird auch als interne Unternehmenskommunikation bezeichnet. Man versucht positiven Einfluss (Motivation) auf die eigenen Mitarbeiter zu nehmen. Mitarbeiter werden als Sprachrohr des Unternehmens gefördert, denn der Kunde hat meistens den ersten Kontaktpunkt mit den Mitarbeitern des Unternehmens: Wo der Mitarbeiter König ist, ist auch der Kunde automatisch König. Diese Unternehmens- und Mitarbeiterkultur ist Teil der Corporate-Identity (CI). Die CI besteht aus: Corporate Communication (Öffentlichkeitsarbeit), Corporate Design (Erscheinungsbild) und dem Corporate Behavior (Unternehmenskultur).

Abbildung 63: Above-the-Line Maßnahmen, eigene Darstellung

Below-the-Line-Maßnahmen

Die Below-the-Line Maßnahmen sind subtil und meistens nicht bemerkbar. Die eigentliche Werbung und die Werbebotschaft rücken in den Hintergrund. Die Werbewirkung erfolgt implizit. Zu diesen Maßnahmen gehört: (Scharf & et al., 2012)

Die Verkaufsförderung: Die klassische Werbung soll durch verkaufsfördernde Maßnahmen unterstützt werden. Es sind meist zeitlich begrenzte Aktionen, die zusätzliche Kaufanreize schaffen. Beispiele sind: Gewinnspielaktionen, Probieraktionen, Werbegeschenke, etc.

Das Product-Placement: Die gezielte Platzierung eines Produktes oder des Logos in einer Werbung. Es wird oft in Filmen oder Videos eingesetzt.

Das Sponsoring: Eine Person oder Organisation wird unterstützt. Die Bekanntheit des Unternehmens oder des Produkts soll über diese Person erhöht werden. In Kombination mit Social Media Marketing entsteht das Influencer-Marketing. Die Kunden bringen das Produkt positiv mit der Werbeperson in Verbindung. Diese Verbindung kann bei Skandalen allerdings auch negativ auf das Unternehmen abfärben.

Das Eventmarketing: Die Gestaltung eines Events, bei dem der Sport oder eine andere Aktivität im Vordergrund steht. Das Ereignis ist für die Kunden zugänglich und erlebbar, z.B. Red Bull Events.

Das Empfehlungsmarketing: Die Kunden empfehlen die Produkte des Unternehmens an Bekannte oder Freunde weiter. Es können Anreize, wie z.B. Freunde-werben-Freunde Aktionen, geschaffen werden. Mit Hilfe des digitalen Marketings können diese Empfehlungen auch im Internet oder über Social Media stattfinden.

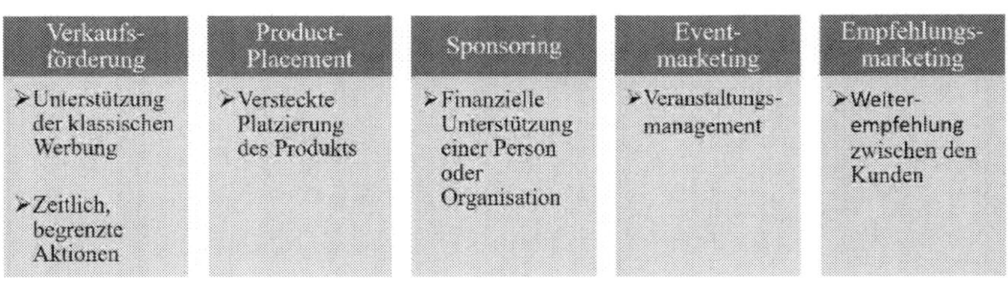

Abbildung 64: Below-the-Line Maßnahmen, eigene Darstellung

Zusammenfassung der Kommunikationspolitik:
Schlussendlich stellt sich nach den vorgestellten Maßnahmen die Frage, von welchen Kriterien die Auswahl der geeigneten abhängt: (Scharf & et al., 2012)

- Was sind die Kosten?
- Was ist das Kommunikationsziel?
- Wie groß soll die Zielgruppe sein?
- Wie groß ist die Reichweite der Medien?
- Wie lange soll die Werbung eingesetzt werden?
- Wie individualisierbar ist die Werbung?
- Welche Gestaltungsmöglichkeiten gibt es?
- Welche Medienplattform passt zu welcher Zielgruppe?

Gerade die Kommunikationspolitik verdeutlicht nochmals, dass alle Marketingmaßnahmen zusammenhängen. Die Kommunikationspolitik kann sich sowohl an den anderen Marketingaktivitäten orientieren als sie auch unterstützen. Die Kommunikationspolitik sollte sehr sensibel eingesetzt werden, da sie über die Massenmedien in kurzer Zeit eine große Menge an Menschen erreicht. Umso wichtiger ist es sich vorher grundlegende Gedanken zu machen, um Fehler zu vermeiden:

- Was ist die Mission des Unternehmens?
- Was ist die Unternehmensstrategie?
- Was ergab die aktuelle Umfeldanalyse?
- Wie sollte die Werbeanzeige gestaltet sein?

Der Marketingplan zeigt hierbei seine Stärken, indem er immer wieder diese Zusammenhänge aufzeigt. Man sollte sich nicht zu sehr auf das Social Media Marketing konzentrieren:

Es ist nur ein Teilbereich der Kommunikationspolitik und die Kommunikationspolitik wiederum nur ein kleiner Teil im Marketing. Wenn sich der Marketer nur um Onlinemarketing kümmert, vernachlässigt er ca. 90%-95% der Marketing-Grundlagen. Das Marketing muss ganzheitlich betrachtet werden.

Außerdem wird beim Social Media-Marketing ein großer Teil der Bevölkerung nicht beachtet bzw. nicht richtig angesprochen. Klassische Printanzeigen können sich immer noch lohnen, wenn die Zielgruppe noch auf dieses Medium zurückgreift.

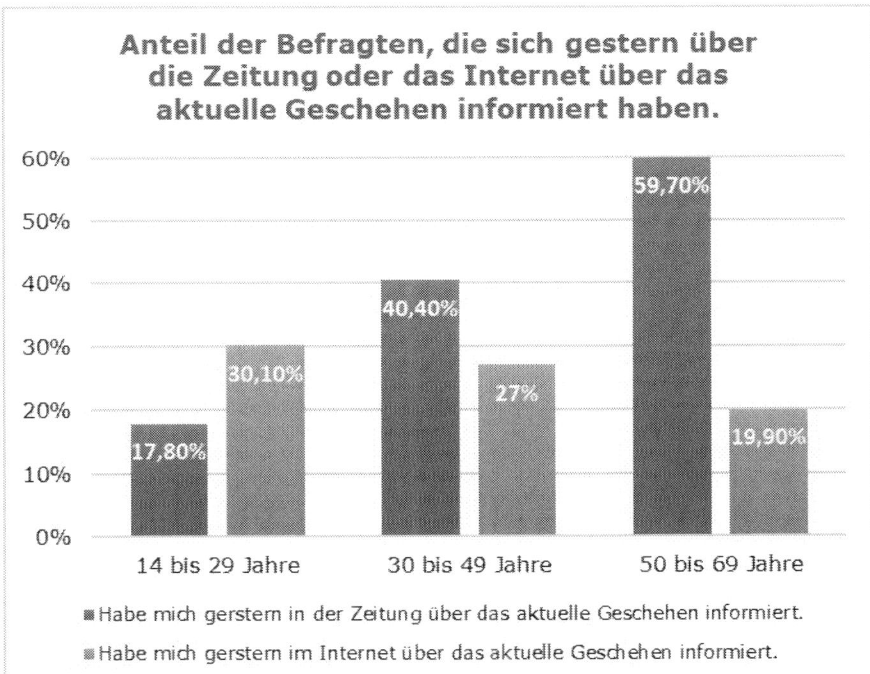

Abbildung 65: Printmedien sind immer noch relevant, eigene Darstellung, Quelle: (IfD Allensbach, 2012)

Nicht immer bietet sich das Social Media-Marketing und Werbung im Internet an, um seine Zielgruppe zu erreichen. Stattdessen sollte genau überlegt werden, welche Zielgruppe man ansprechen möchte und was das zu vermittelnde Thema ist, da einige Altersgruppen über Social Media schwieriger zu erreichen sind. Zu einigen Themen wird im Internet wenig gesucht (z.B. Oldtimer, Architektur oder Steuerrecht). (Allensbach, 2019) Die Frage ist auch, ob die Nutzung der Medien immer im Zusammenhang mit dem Alter steht oder sich das Nutzungsverhalten wandelt und digitaler wird. Wird die jüngere Zielgruppe in Zukunft auch wieder mehr Zeitung lesen oder digital bleiben?

Video 32: Die Kommunikationspolitik – Teil 2

Abschluss Marketingmaßnahmen: Eventuell lassen sich bereits einige Trends bei den Marketingmaßnahmen erkennen: Die Kommunikationspolitik wird durch digitale soziale Netzwerke immer wichtiger, während die Distributionspolitik durch den Onlineversandhandel und die Online-Shops immer unbedeutender wird. Die Preispolitik verliert ihre Wirkungsstärke durch die starke Preistransparenz und die einfachen Preisvergleiche im Internet, da Produkte können immer einfacher global produziert und bezogen werden können.

Die Kontrollphase

Die letzte Phase im Marketingplan ist sehr individuell auf das Unternehmen zugeschnitten und wird deswegen nur kurz in diesem Buch vorgestellt. Jedes Unternehmen legt in der Strategiephase andere Ziele fest. Diese können sehr unterschiedlich sein. In vielen Unternehmen übernimmt die Controllingabteilung die Kontrolle der vorher festgelegten Kennzahlen, von denen einige im Buch bereits vorgestellt wurden.

Gerade in den Marketingmaßnahmen können Kennzahlen festgelegt und anschließend kontrolliert werden:

Produktpolitik: Durchführung von Produkttests, Bewertungen aus dem Internet umsetzen, Kundenbefragungen durchführen, etc.

Preispolitik: Wie sind die Absatzzahlen? Wie verhält sich die Nachfrage bei verändertem Preis? Wo liegt der durchschnittliche Marktpreis? Wie haben sich die Kosten entwickelt?

Distributionspolitik: Der Lieferservice wurde hierbei ausführlich behandelt. Er eignet sich sehr gut, um quantitative Daten zu kontrollieren. Kam die Lieferung pünktlich an? Wie viele Rücksendungen gibt es?

Kommunikationspolitik: In der Kommunikationspolitik gibt es deutlich mehr Möglichkeiten, die Wirkung der Werbung zu kontrollieren. Diese Werbewirkungsanalyse besteht aus zwei verschiedenen Bereichen: Zum einen die Frage nach dem ökonomischen Erfolg, z.B. einer Umsatzsteigerung, zum anderen die Frage nach dem psychologischen Erfolg, z.B. einer Imageverbesserung.

Konkrete Marketingmöglichkeiten, um den Erfolg einer Werbekampagne zu kontrollieren, sind: (Scharf & et al., 2012)

- Erinnerungstests: Wird die Werbung und die Werbebotschaft auch nach einiger Zeit noch erinnert?
- Identifikationstests: Mit Hilfe von Lückentests oder gezielten Fragen zu der Werbung soll erfragt werden, welche Teile der Werbung erkannt werden und welche in Vergessenheit geraten.
- Über Gutscheincodes kann überprüft werden, ob die Rabattaktion erfolgreich war.
- Social Media-Tools, z.B. Google-Analytics, helfen bei der Auswertung von Onlinemarketingmaßnahmen.

Auch im Controlling kann man die Aufgaben in operative und strategische unterteilen. Mit dieser Unterteilung hängen auch unterschiedliche Aufgaben zusammen, die das Controlling im Marketing erfüllen sollte: (Große, Platte, Schiek, Ziehe, & Zwerschke, 2010)

Operativ	Strategisch
Umsatzanalyse	Existenzsicherung
Kostenanalyse	Entwicklungsanalyse
Gewinnanalyse	Marktpositionierung
Soll/Ist-Analyse	Ermittlung der Marktposition
Kennzahlenanalyse	Programmstruktur
Budgetkontrolle	Planung neuer Produkte
Jahresprognosen für Bereiche und Abteilungen	Produkt-Markt-Portfolio
Empfehlungen zur Abweichungsanalyse	Marketing-Audit
Effizienzmessung	Umweltanalyse

Abbildung 66: Aufgaben Marketingcontrolling, eigene Darstellung, Quelle: (Weis, 2003, S. 183)

Einige Aufgaben und Ziele im Marketing stehen in direkter Abhängigkeit

Zueinander oder schließen sich auch gegenseitig aus. Das Marketingcontrolling sollte die Marketingabteilung nicht nur kontrollieren, sondern auch aktiv unterstützen. Durch die Ziel- und Ergebniskontrolle im Controlling erkennt es Prozesse und Trends früher und kann wichtige Impulse für die Strategien im Marketing geben. Die quantitativen und qualitativen Daten und Informationen aus der Controllingabteilung können zusätzlich auch für die Analysephase im Marketingplan genutzt werden. Das Marketing sollte also wieder ganzheitlich betrachtet werden: Es ist eine Abteilung, die mit vielen anderen Abteilungen zusammenarbeiten muss. Sie kann nicht separat betrachtet werden oder für sich allein stehen. Das Marketing kann, mit den anderen Abteilungen zusammen, einen wichtigen Beitrag zum Erfolg des Unternehmens beitragen.

Die Grundlagen des Marketings: Eine Zusammenfassung

Marketing ist der Austausch, die Kommunikation, die Entwicklung und die Verteilung von wertvollen Angeboten an ausgewählte Segmente, von dem beide Seiten des Handels profitieren. Die Kundenseite kann ihren Bedarf befriedigen und das Unternehmen kann Gewinn erzielen. Diese Beziehung zwischen Kunde und Unternehmen kommt zustande, wenn der Nutzen den Aufwand für beide Seiten übersteigt. Jede Partei ist also von der jeweils anderen abhängig, gerade für Unternehmen stehen die Kunden im Fokus. Die Nutzenstiftung für den Kunden ist oftmals das Werteversprechen und die Mission des Unternehmens.

Kunden sehen Produkte als ein Bündel an nutzenstiftenden Eigenschaften und wählen diejenigen Produkte aus, die die besten Nutzenkombinationen bieten. Die Bedeutung von Gütern und Dienstleistungen liegt also weniger in ihrem Besitz als dem Nutzen, den die Güter und Dienstleistungen stiften. Das materielle Produkt ist nur ein Werkzeug/ Instrument, um eine Aufgabe beim Kunden zu lösen.

<u>Aber</u>: Gute Marketer erkennen, dass es sich lohnt, ein Produkterlebnis und Nutzenversprechen über die Grundfunktionen und Grundbedürfnisse hinaus beim Kunden zu etablieren. Nur so kann sich ein Unternehmen beim Kunden langfristig positionieren und vom Wettbewerb differenzieren.

Die nutzenstiftenden Eigenschaften des Produkts und die Rolle des Unternehmens als Problemlöser ist wichtiger als die Darstellung des Unternehmens als Anbieter bloßer Produkte.

Die Beurteilung des Produkts ist immer subjektiv, da die wahrgenommene Bedürfnisbefriedigung von der Erwartungshaltung des Kunden abhängig ist. Menschen sind in ihren Bedürfnissen und Erwartungen sehr komplex.

Der Marketingplan hilft als strukturierter Prozess und Übersicht die Analyse, Planung, Durchführung und Kontrolle des Marketings zu beschreiben und unter Mitwirkung der Unternehmensleitung einen richtungsweisenden Plan für das gesamte Unternehmen vorzugeben. Das Marketing ist deswegen nicht als eigenständige Abteilung zu sehen, sondern als Verbindungsstück für alle Abteilungen im Unternehmen.

Ich hoffe, das Buch und der Inhalt wurden ihren Vorstellungen gerecht. Sollte das der Fall sein, würde ich mich über eine positive Bewertung auf Amazon freuen. Gerade als unabhängiger Autor ohne Verlag ist man auf diese Hilfe angewiesen.

Bei weiteren Fragen können Sie mich auch gerne über meine Webseite kontaktieren. Sollte mich mein eventuelles Masterstudium nicht zu sehr einspannen, helfe ich Ihnen gerne weiter. In der Zwischenzeit hat sich sicherlich auch einiges bei YouTube und Social Media getan, sodass Sie dort immer die aktuellen Informationen finden.

Viel Erfolg wünsche Ich Ihnen!

M. Mittelstaedt

Literaturverzeichnis

Aaker, D. A. (1996). Building Strong Brands. New York: The Free Press.

Aaker, D., Batra, R., & Myers, J. (1992). Advertising Management. Englewood Cliffs: Prentice Hall.

Aaker, J. L. (2001). Dimensionen der Markenpersönlichkeit. Wiesbaden: Gabler.

Ahlert, D. (1996). Distributionspolitik. Das Management des Absatzkanals. Stuttgart: UTB.

Allensbach, I. (14. 11 2019). Internetnutzer in Deutschland nach Themen, über die sich im Internet informiert wird, im Jahr 2019. Von Statista.com: https://de.statista.com/statistik/daten/studie/940684/umfrage/umfrage-unter-internetnutzern-zu-informationssuche-im-internet-nach-themen/ abgerufen

Allison, R. J., & Uhl, K. P. (1964). Influence of beer brand identification on taste perception. Journal of Marketing Research, 36-39.

Ansoff, H. (1965). Checklist for Competitive and Competence Profiles; Corporate Strategy. New York: McGraw-Hill.

Baumgarth, C. (2014). Markenpolitik: Markentheorien, Markenwirkungen, Markenführung, Markencontrolling, Markenkontexte. Wiesbaden: Springer.

Becker, J. (2009). Marketing-Konzeption: Grundlagen des strategischen Marketing-Managements. München: Vahlen.

Bionade. (09. 10 2019). bionade.de. Von bionade.de: https://www.bionade.de/geschichte/ abgerufen

Broda, S. (2005). Marekting-Praxis - Ziele, Strategien, Instrumentarien. Wiesbaden: Gabler.

Bruhn, M. (1990). Marketing, Sonderausgabe. Wiesbaden: Gabler.

Bruhn, M. (2012). Marketing. Grundlagen für Studium und Praxis. Wiesbaden: Springer.

Burmann, C., Meffert, H., & Koers, M. (2005). Markenmanagement. Identitätsorientierte Markenführung und praktische Umsetzung. München: Springer.

Chaudhuri, A., & Holbrook, M. B. (2001). The Chain of Effects from Brand Trust and Brand Affect to Brand Performance: The Role of Brand Loyality. Journal of Marketing, 81-93.

Christensen, C. (2003). The Innovator's Solution: Creating and Sustaining Successful Growth. Boston: Harvard Business Review Press.

Copeland, M. (1923). Relation of Consumers Buying Habits to Marketing Methods. Boston: Harvard Business Review.

de Chernatony, L., & McDonald, M. (1998). Creating Powerful Brands in Consumer, Service and Industrial Markets. Oxford (UK): Butterworth-Heinemann.

Diller, H. (2003). Aufgabenfelder, Ziele und Entwicklungstrends der Preispolitik. Wiesbaden: Kohlhammer.

Diller, H. (2008). Preispolitik. Wiesbaden: Kohlhammer.

Esch, F. (2012). Strategie und Technik der Markenführung. München: Vahlen.

Esch, F. R. (2003). Strategie und Technik der Markenführung. München: Vahlen.

Esch, F., Hermann, A., & Sattler, H. (2011). Marketing Eine managementorientierte Einführung. München: Vahlen.

Essity Germany GmbH. (13. 11 2019). tempo-world.com. Von www.tempo-world.com/de-de/produkte/ abgerufen

Felser, G. (2015). Werbe- und Konsumentenpsychologie. Berlin: Springer.

Freter, H. (2003). Marktsegmentierungsmerkmale. München: Vahlens.

Große, J., Platte, S., Schiek, T., Ziehe, S., & Zwerschke, A. (2010). Marketing-Handbuch. Wernigerode: HS Harz.
Grunwald, G., & Schwill, J. (2019). Toolbox Marketing. Stuttgart: Schäffer-Poeschel.
Gutenberg, E. (1984). Grundlagen der Betriebswirtschaftslehre. Berlin: Springer.
Hartmann, O., & Haupt, S. (2016). Touch! Der Haptik-Effekt im multisensorischen Marketing. Freiburg: Haufe.
Häusel, H.-G. (2007). Neuromarketing. Erkenntnisse der Hirnforschung für Markenführung, Werbung und Verkauf. Planegg: Haufe.
Häusel, H.-G. (2014). Neuromarketing. Freiburg: Haufe.
Henderson, B. (01. Januar 1970). BCG.com. Von The product Portfolio: https://www.bcg.com/de-de/publications/1970/strategy-the-product-portfolio.aspx abgerufen
Henkel AG & Co. KGaA. (14. 10 2019). Von henkel.de: https://www.henkel.de/marken-und-unternehmensbereiche/laundry-and-home-care abgerufen
Henkel AG & Co. KGaA. (10. 11 2019). Von https://www.henkel.de: https://www.henkel.de/marken-und-unternehmensbereiche abgerufen
Homburg, C. (2012). Grundlagen des Marketingmanagements. Einführung in Strategie, Instrumente, Umsetzung und Unternehmensführung. Wiesbaden: Springer.
Homburg, C. (2012). Marketingmanagement: Strategie - Instrumente - Umsetzung - Unternehmensführung. Wiesbaden: Springer.
IfD Allensbach. (Oktober 2012). statista.com. Von https://de.statista.com/statistics/245141/zeitung-und-internet-als-informationsmedien-nach-altersgruppen/ abgerufen

Kantar Millward Brown. (14. 10 2019). Horizont (abgerufen von Statista). Von https://www.horizont.net/marketing/nachrichten/brand-z-ranking-amazon-ist-erstmals-die-wertvollste-marke-der-welt-175376 abgerufen

Kotler, P., Armstrong, G., Saunders, J., & Wong, V. (2007). Grundlagen des Marketing. München: Pearson.

Kotler, P., Berger, R., & Rickhoff, N. (2010). The Quintessence of Strategic Management. Berlin: Springer.

Kroeber-Riel, W. (2003). Konsumentenverhalten. München: Vahlen.

Kroeber-Riel, W., & Esch, F. (2015). Strategie und Technik der Werbung. Verhaltens- und neurowissenschaftliche Erkenntnisse. Stuttgart: Kohlhammer.

Lamprecht, H. (2009). Die Lead-User-Methode in der Produktinnovation. Saarbrücken: VDM.

Langner, T. (2002). Integriertes Branding: Baupläne zur Gestaltung erfolgreicher Marken. Wiesbaden: Gabler.

Locke, E., & Latham, G. (01. 04 1991). A Theory of Goal Setting & Task Performance . The Academy of Management Review.

McCarthy, E. (1960). Basic Marketing. A Managerial Approach. Illinois: Richard D. Irwin Inc.

McClure, S. M. (2004). Neural correlates of behavioral preference for culturally familiar drinks. Neuron, 379-387.

Meer, D. (1995). System Beaters, Brand Loyals, and Deal Shoppers: New Insights into the Role of Brand and Price. Journal of Advertising Research, RC2-RC7.

Meffert, H., Burmann, C., & Kirchgeorg, M. (2012). Marketing. Grundlagen marktorientierter Unternehmensführung. Wiesbaden: Springer.

Meffert, H., Burmann, C., & Koers, M. (2005). Markenmanagement: Identitätsorientierte Markenführung und praktische Umsetzung. Wiesbaden: Gabler.

Mittelstaedt, M. (2019). Marketing einfach erklärt. Wernigerode: Independently published.

Mittelstaedt, M. (2019b). Markenführung einfach erklärt. Wernigerode: Independently Published.

Müller, T., & Schroiff, H. (2013). Warum Produkte floppen: Die 10 Todsünden des Marketings. Haufe.

Nielsen. (August 2009). Beliebte Durstlöscher- Anteile am deutschen Getränkemarkt. Spiegel (abgerufen von Statista), S. 79.

Nielsen. (2019). Marktanteil von Eigenmarken am Gesamtumsatz im Lebensmitteleinzelhandel. Lebensmittel Zeitung Ausgabe 19 (abgerufen von Statista), 52.

Pechtl, H. (2005). Preispolitik. Stuttgart: UTB.

Pfohl, H.-C. (2018). Logistiksysteme. Betriebswirtschaftliche Grundlagen. Berlin: Springer.

Porter, M. (1980). Competitive Strategy: Techniques for analyzing industries and competitors: with a new introduction. New York: Free Press.

Porter, M. (2008). Wettbewerbsstrategie: Methoden zur Analyse von Branchen und Konkurrenten. Frankfurt: Campus.

RedBull. (14. 10 2019). redbull.com. Von redbull.com: https://www.redbull.com/de-de/energydrink/red-bull-unternehmen abgerufen

Schaper, T. (2017). Preismanagement. Einführung in Theorie und Praxis. Göttingen: Duncker & Humblot.

Scharf, A., Schubert, B., & Hehn, P. (2012). Marketing Einführung in Theorie und Praxis. Stuttgart: Schäffer-Poeschel.

Scheier, C., Bayas-Linke, D., & Schneider, J. (2011). Codes. Die geheime Sprache der Produkte. Freiburg: Haufe.

Schweiger, G., & Schrattenecker, G. (2009). Werbung. Stuttgart: UTB.
Schwill, J. (2009). Produkt- und Programmpolitik. Freiburg: Haufe.
Shimizu, K. (1989). Advertising Theory and Strategies. Tokyo: Souseisha Book Company.
Simon, H., & Fassnacht, M. (2009). Preismanagement. Strategie - Analyse - Entscheidung - Umsetzung. Wiesbaden: Springer.
Specht, G., & Fritz, W. (2005). Distributionsmanagement. Stuttgart: Kohlhammer.
Stiftung Warentest . (2015). Zahlenspiegel 2015. HDE (Abgerufen von Statista), 45.
Treis, B. (2003). Handelsfunktionen. München: Vahlen.
Trommsdorff, V. (1992). Multivariate Imageforschung und strategische Marketingplanung. München: Beck.
Vernon, R. (Mai 1966). International Investment and International Trade in the Product Cycle. Quarterly Journal of Economics, S. 190-207.
Weis, H. C. (1999). Kompakt-Training Marketing. Ludwigshafen: Friedrich Kiehl.
Weis, H. C. (2003). Kompakt-Training. Ludwigshafen: Friedrich Kiehl.
Wilms, F. (2006). Szenariotechnik. Vom Umgang mit der Zukunft. Bern: Haupt.

Über den Autor

Ich studiere seit 2016, nachdem ich erfolgreich eine kaufmännische Lehre abgeschlossen habe, an der Hochschule Harz Wirtschaftspsychologie und Marketing. Seitdem wurde mir klar, wie sehr die Wirtschaftspsychologie mit dem Marketing verbunden ist. Es macht mir sehr viel Spaß, die Erkenntnisse aus den Vorlesungen direkt auf ein so praxisnahes Thema zu übertragen. Seit 2018 betreibe ich einen YouTube-Kanal über die Wirtschaftspsychologie und das Marketing.

Auf www.scientific-economics.com können Sie viele weitere Informationen zu verschiedenen Themen, u.a. aus der Wirtschaftspsychologie, finden.

Bei weiteren Fragen einfach mal vorbeischauen. Alle Links und Informationen findet man dort.

ISBN: 9781713099901 (Independently published)
Umschlaggestaltung, Illustration: D. Mazmanyan, Bild: ©goolliver25

Printed in Poland
by Amazon Fulfillment
Poland Sp. z o.o., Wrocław

51954003R00117